5,80

Lucia Uome
Lindenweg 1
95346 Stadtsteinach

D1692667

hänssler

Ralph Shallis

Kurswechsel –
das Leben beginnt

Die Deutsche Bibliothek – CIP-Einheitsaufnahme

Shallis, Ralph:
Kurswechsel – das Leben beginnt / Ralph Shallis.
– 5. Aufl. – Neuhausen-Stuttgart: Hänssler, 1991
  (TELOS-Bücher; Nr. 312: TELOS-Taschenbuch)
  ISBN 3-7751-0565-4
NE: GT

5. Auflage 1991
TELOS-Taschenbuch Nr. 312
Best.-Nr. 70.312
© 1973 Editions Farel, Marne-la-Vallée C.2
1978 neu bearbeitet und aus dem Französischen übersetzt.
Originaltitel: »Si tu veux aller loin«
Englischer Titel: »From now on«
Übersetzung: Michael Spöhrer
© 1982 der deutschen Ausgabe by Hänssler-Verlag,
Neuhausen-Stuttgart
Umschlaggestaltung: Daniel Dolmetsch
Printed in Germany

Inhaltsverzeichnis

Vorwort 7
Über den Autor 9

1. Teil: Scheitern oder berstende Fülle?
   Vorwort 12
1.1 Der Anfangsschreck 14
1.2 Dein innerer Kampf 23
1.3 Du – der Tempel des Heiligen Geistes? . . . 29
1.4 Die Fülle des Geistes 34

2. Teil: Die drei geistlichen Grundregeln
   Vorwort: Die sieben Säulen der Weisheit . . 50
2.1 Das Problem deines Gewissens
    Die erste geistliche Grundregel: »Betrübet nicht den Heiligen Geist Gottes« 54
2.2 Das Problem deines Willens
    Die zweite geistliche Grundregel: »Den Geist löscht nicht aus« 65
2.3 Voran!
    Die dritte geistliche Grundregel: »Wandelt im Geist« 70

3. Teil: Die vier Disziplinen
   Vorwort 80
3.1 Der offene Himmel
    Die erste Disziplin: Das Wunder des Gebetes 83
3.2 Die unerschöpfliche Entdeckung
    Die zweite Disziplin: Der Schatz des Wortes Gottes 99

3.3 Du bist nicht allein!
Die dritte Disziplin: Das Wunder der brüderlichen Gemeinschaft 139
3.4 Du kannst Gott nicht für dich allein behalten
Die vierte Disziplin: Zeugnis oder die Weitergabe des Glaubens 162

4. Teil: Dieses Leben ist nicht alles 170
4.1 Die Gewißheit aller Gewißheiten: Jesus kommt wieder! 170

Vorwort

Lieber Leser!

Dieses Buch richtet sich an den, der gerade dieses wundervolle, aber auch gefährliche und schwierige Abenteuer begonnen hat, das Jesus ewiges Leben nennt.

Ich hoffe, daß du jung bist. Ich habe dieses Buch wirklich nicht für den schwerfälligen, alten Christen geschrieben, der davon überzeugt ist, daß er schon alle Erkenntnisse hat. Und doch glaube ich, daß auch er – wenn seine Nächstenliebe mir meine Offenheit verzeiht und sein Glaube einen Hieb einstecken kann – etwas finden wird, das seine Denkweise neu ausrichtet und ihn entflammen läßt.

Natürlich weiß ich, daß dieses Buch auch jemandem in die Hände gelangen kann, der überhaupt noch nicht weiß, worum es bei der Wiedergeburt geht. Nun, ich könnte mir nichts Besseres wünschen! Warum solltest du dich nicht, wenn du diese Seiten liest, auf die Wirklichkeit dieses neuen Lebens einlassen? Du wirst die Bedeutung des Himmels entdecken!

Aber vor Augen habe ich als meinen Leser einen neuen Jünger Jesu. Ich stelle mir vor, daß du ein neugeborenes Baby in Gottes Reich bist, das nach Nahrung schreit und so schnell wie möglich wachsen will. Gerade für dich habe ich dieses Buch geschrieben.

Wer freut sich nicht über ein Baby! Denn (die meiste Zeit!) ist es ein entzückendes Wesen, das viel Freude bereitet. Genauso gibt es auch auf dieser Erde nichts Erfreulicheres als einen neugeborenen Christen. Aber wenn du jemanden triffst, der in 30 oder 40 Jahren ein geistliches Baby geblieben ist, dann hast du allen Grund zu weinen. Es liegt mir am Herzen, daß du persönlich das »Flaschenalter« schnell durchläufst und dich bald mit einem »geistlichen Beefsteak« beschäftigen kannst! Ich möchte, daß du in eine reiche, geistliche Reife hineinwächst. Ich weiß, daß du das kannst, denn Gott möchte es von dir. Dieses Buch wurde geschrieben, um dir dabei zu helfen.

So wie du gehöre auch ich zu jenen auserwählten Menschen, die Gott als seine Kinder angenommen hat. Ich lebe seit knapp 50 Jahren in Gottes Reich. Ich möchte dir hier einige der Waffen übergeben, die mir Gott während all jener Jahre geschmiedet hat, damit du Zeit gewinnst und manche dummen Fehler vermeidest, die mir unterlaufen sind. Du brauchst diese Waffen.

Ich weiß nicht, was Gott mit deinem Leben vorhat, aber wenn du Gott so liebst, um ihm mit ganzem Herzen zu gehorchen, dann wird er etwas Wunderbares aus dir machen. Die Kernfrage ist: Was ist dein Ziel? Was willst du erreichen? Ein leichtes, komfortables Durchschnittsleben, in dem du Schwierigkeiten ausweichen kannst, aber auch wichtigen, lebensentscheidenden Dingen? Oder sehnst du dich nach Gottes unbegrenztem Horizont?

Wähle ein Leben mit aufregenden Entdeckungen! Die Wahrscheinlichkeit, daß Gott durch dich etwas Wundervolles auf die Beine stellt, ist unendlich groß. Sein Geist ist nicht begrenzt – höchstens durch deinen Unglauben. Ich bete, daß dein Leben zu einem Abbild der Liebe und Schönheit Gottes wird. Ich fordere dich auf, Gott von Angesicht zu Angesicht gegenüberzutreten.

Ralph Shallis
Méjannes-les-Alès, Frankreich

Über den Autor

Ralph Shallis wuchs in Spanien in der wüstenähnlichen Hochebene Altkastiliens auf. Als Sohn englischer Eltern lernte er in zwei Sprachen zu denken und zu reden. Seine Kindheit verbrachte er – wie er sich ausdrückt – »im Mittelalter«. Seine spätere Erziehung fand in England statt, wo er im Alter von 18 Jahren Gott begegnete.

Als junger Mann unterrichtete er Sprachen und Literatur in verschiedenen Ländern Europas und lernte auf diese Weise, sich in unterschiedliche Kulturkreise einzuordnen. Bereits im Alter von 23 Jahren wurde er mit seinem geistlichen Leben zutiefst unzufrieden und suchte nach einer neuen Offenbarung Gottes.

Nachdem er Leben und Werk einiger großer Gottesmänner vergangener Generationen studiert hatte, begriff er, daß jeder von ihnen eine tiefe und innige Kenntnis von Christus besaß, die er selbst nicht hatte. Er entdeckte, daß alle diese Menschen, wie unterschiedlich ihre Charaktere und ihr Werk auch waren, zwei Geheimnisse gemeinsam hatten: Sie begannen alle den Tag in der Gemeinschaft mit Gott im Gebet; und sie lasen jedes Jahr die gesamte Bibel durch.

Sein Hunger nach Gott ließ ihn schließlich ihrem Beispiel folgen. Er begann jedes Jahr die Bibel sorgfältig durchzulesen. Um dieses Ziel zu erreichen und genügend Zeit für das tiefe Gebet zu haben, reservierte er ein Zehntel seiner Zeit, d. h. ungefähr zweieinhalb Stunden am Tag, allein für Gott. Dies wurde bald für ihn zu einer Grundregel seines Lebens.

Damals arbeitete Ralph Shallis in den Schweizer Alpen. Die Erfahrungen, die er in den folgenden drei Jahren mit Gott machte, waren so überwältigend, daß sie seinem ganzen Leben eine neue Bedeutung gaben.

Der Zweite Weltkrieg führte ihn auf einen Tiefpunkt und verschlang fünf oder sechs seiner besten Jahre. Während seiner Zeit als Soldat in Afrika, Asien und Europa vertieften sich seine Erkenntnisse durch unzählige Erfahrungen und durch körperliches und geistliches Leiden. In all diesen Jahren ermöglichte ihm Gott, sein tägliches Bibelstudium aufrechtzuerhalten, und bewahrte ihn davor, einem anderen Menschen das Leben zu nehmen. Er durchlief eine harte Prüfung seines Glaubens, die ihm alle Illusionen über sich selbst und die menschliche Natur nahm.

Nach seiner Entlassung nahm er wieder seinen Lehrberuf auf, diesmal in Portugal. Hier konnte er endlich mit seiner jungen Frau Rangeley zusammenleben. Jetzt, nachdem er die unbeschreibliche geistliche Not der Welt gesehen hatte, konnte er nicht länger daran denken, Karriere zu machen. Zusammen mit Rangeley entschloß er sich im Alter von 37 Jahren, seine gesamte Zeit in den Dienst Christi zu stellen. Mit ihrer kleinen Familie gingen sie daraufhin nach Nordafrika, um Christus bekannt zu machen. Das wollten sie vor allem durch die Verteilung von möglichst vielen Neuen Testamenten erreichen. Sie lebten in völliger Abhängigkeit von Gott, auch was ihr tägliches Brot anbetraf. Diesen schlichten, vertrauensvollen Glauben hat Gott seit jetzt mehr als einem Vierteljahrhundert gesegnet.

Dem Leiden, der Armut und der Schmach ausgesetzt, erlebten sie, wie Gott ein Werk von enormer geistlicher Kraft schuf. Bald waren sie von Scharen junger Leute umgeben, die kamen, um Christus kennenzulernen. Unglücklicherweise blockierte der Algerienkrieg dieses evangelistische Wirken und zerstreute seine Früchte. Viele dieser jungen Menschen begannen mit ganzem Herzen Gott zu dienen. Durch ihre Arbeit wurde besonders in Frankreich viel evangelisiert, neue Gemeinden wurden gegründet und zahlreiche junge Männer und

Frauen aufgerufen, Gott von ganzem Herzen nachzufolgen.

Einige Jahre hatte Ralph Shallis in Frankreich und Nordafrika gearbeitet, aber jetzt wurde Frankreich sein Haupttätigkeitsfeld. Hier wie in Afrika widmete er sich ganz den geistlichen Bedürfnissen der jungen Generation. Für ihn hing von diesen Menschen die Zukunft der Welt ab. Deshalb begann er eine enge Zusammenarbeit mit Organisationen wie Operation Mobilisation. Vor einigen Jahren führte ihn der Geist Gottes nicht nur durch ganz Frankreich, sondern auch durch die anderen Länder Europas. Fast jedesmal geschah dies als Antwort auf den Hilferuf junger Menschen, die nach der Wirklichkeit des Christus dürsteten.

Auf der Straße und an Universitäten, in Vorträgen und bei Hausbesuchen, in schlaflosen Nächten und bei persönlichen Gesprächen mußte er sich mit einer Vielzahl drängender Probleme auseinandersetzen. Er sah sich der Not einer Gemeinde gegenüber, die sich nicht länger mit religiöser Theorie oder Tradition zufriedengab, sondern die die Wirklichkeit Gottes und den wahren Sinn des Lebens zu entdecken suchte.

Dieses Buch faßt die grundlegenden Antworten zusammen, durch die das Leben vieler verwandelt worden ist.

1. Teil:
Scheitern oder berstende Fülle?

Vorwort

Das Wunder ist also in dir geschehen – du bist wiedergeboren! Du bist jetzt Gottes Kind! Du lebst in einer neuen Dimension. Du besitzt jetzt den Schatz, den Jesus das ewige Leben nennt. Oder anders gesagt: Du hast jetzt wahres Leben, das in Gott selbst verwurzelt und deshalb unvergänglich ist; Leben, welches nicht einmal der körperliche Tod zerstören kann. Dieses neue Leben kommt direkt von dem Schöpfer aller Dinge zu dir. Vorher warst du geistlich tot und hattest keinen persönlichen Kontakt zu ihm. Aber jetzt lebst du in seiner Nähe. Du hast eine neue, wunderbare, strahlende Welt entdeckt, und dieses außerordentliche Leben umgibt dich nicht nur, es ist auch tief in dir. Der Geist Gottes ist in dich eingezogen, um in dir zu leben. Für ihn bist du sein Haus, sein Tempel. Er will sich bei dir »wie zu Hause« fühlen.

Natürlich lebst du noch auf der Erde! Dieses neue innere Leben entzieht dich nicht der Wirklichkeit deines körperlichen und geistigen Daseins. Anstatt deine menschliche Persönlichkeit und dein Verständnis der Umwelt zu zerstören, rückt das neue Leben diese Dinge in den Mittelpunkt. Alles wird wirklicher und greifbarer. Du beginnst den wahren Sinn des Lebens zu verstehen. Schöpfung und Wissenschaft werden für dich zu einem offenen Buch, zu einem Gedicht Gottes mit einer unergründlich tiefen Bedeutung. Leben, Liebe, Familie und Arbeit bekommen für dich einen neuen, tieferen Sinn. Für dich ist Gott nicht länger eine Hypothese oder ein Mythos. Er durchdringt alle deine Gedanken und erfüllt dein Herz. Er ist dir so wirklich wie die Erde unter deinen Füßen oder wie deine Hände – vielleicht ist er dir sogar noch wirklicher. Dieser Gott, den du einst nicht kanntest und auch nicht kennen konntest, hat sich dir in seiner unbeschreiblichen Liebe offenbart. Diese Liebe finden wir in seinem Sohn, Jesus Christus, der für dich gekreuzigt wurde, jetzt aber lebendig und allmächtig ist, um dich zu befreien!

In der Tat lebst du jetzt gleichzeitig in zwei Welten, wie ein Rosenstock, der mit dem einen Teil tief in der Erde verwurzelt und mit dem anderen Teil in der Luft darüber lebt. Du stehst im Alltag wie jeder andere, und doch lebst du schon in Gottes Reich. In deinem täglichen Dasein hat sich nicht viel geändert. Du hast dieselben menschlichen Kontakte und Verantwortungen wie zuvor, dieselbe Arbeits- und Ruhezeit, dieselben Stunden, in denen du deinen Interessen nachgehen kannst oder müde wirst. Aber Tag und Nacht besitzt du jetzt auch eine innige Beziehung zu Gott.

Die Menschen, die dich umgeben, können dich nicht verstehen. Sie können nicht begreifen, was in dir vorgeht. Obwohl ihnen die Schöpfung die Schönheit und Weisheit Gottes vor Augen hält, obwohl die Wissenschaft voller geistlicher Vergleiche ist, halten dich die Menschen meist für einen armen Spinner. Was sie nicht verstehen, mögen sie nicht. Und doch ist für dich alles kristallklar. Vorher warst du blind, jetzt kannst du sehen. Früher kanntest du Gott nicht, aber jetzt ist er dir so wirklich, so vertraut. Er, der Schöpfer des Universums, ist jetzt dein Vater, dein »Papa« geworden – das ist die Bedeutung des aramäischen Ausdrucks »Abba, Vater«, den Paulus verwendet (Röm. 8, 15). Du bist wie der Rosenstock in das irdische Dasein verwurzelt, aber du bist dir auch völlig bewußt, in der himmlischen Atmosphäre vor Gott zu leben. Eine Rose kann nicht unter der Erde blühen. Genausowenig kann der natürliche Mensch die Dinge Gottes verstehen. Dazu mußt du von neuem geboren werden oder – wie Jesus es ausdrückt – »von oben«. Jetzt beginnt das Leben Christi in dir zu einer neuen Persönlichkeit zu erblühen.

Ich kann dich verstehen, denn ich bin denselben Weg gegangen. Ich bin wie du ein Kind Gottes (Dies ist keine Anspielung auf jene Sekte, die sich »Kinder Gottes« nennt. Ich habe nichts gemeinsam mit der moralischen Entartung, die ihre Lehren und Aktivitäten kennzeichnet.) und somit dein Bruder. Mein Leben entwickelt sich, statt zu zerfallen oder seinen Sinn zu verlieren, von Jahr zu Jahr und von Tag zu Tag weiter. Gott hört nicht auf, sich mir neu und überwältigend zu offenbaren.

In diesem Buch habe ich die Grundlagen eines Lebens der Entdeckung und der Erfüllung zusammengefaßt, die ich in der Freude und im Leiden und auch in harter, mühseliger Arbeit gelernt habe.

Ich wünsche und bete, daß die Hand Gottes dich von heute an zu einem Menschen nach seinem Herzen umformen möge. Ich weiß, daß dies sein Wunsch ist.

1.1 Der Anfangsschreck

Deine drei Feinde

Was für eine Überraschung! Es ist genauso, als ob du einen Schlag ins Gesicht bekommst. Nachdem du Gott entdeckt hast, entdeckst du das Böse. Ich meine folgendes: Vor unserer Wiedergeburt waren wir uns mehr oder weniger der Existenz des Bösen bewußt. Kriege, Hungersnöte, Konzentrationslager, Umweltverschmutzung, zerstörte Familien – all das bedrückte uns.

Jetzt aber erblicken wir das Böse im hellen Licht des Angesichts Gottes, und es nimmt erschreckende Ausmaße an. Es wird uns bewußt wie nie zuvor. Wir sind zutiefst betroffen, den wahren Zustand der Welt erkennen zu müssen: die unglaubliche Torheit der Menschen, ihre Lust, Böses zu tun, ihre Unkenntnis über Gott, ihr Leben ohne geistlichen Horizont. Wir leiden, weil Gott leidet. Es tut uns weh, den gekreuzigten Christus in seiner Qual und seine unendlich große Liebe zur Welt, die ihn verworfen hat, zu sehen. Wir beginnen das volle Ausmaß des Bösen zu ermessen und seine wahre Natur zu erkennen.

Und du? Du gehörst jetzt zu Gott, und deshalb richten sich die Mächte des Bösen gegen dich. Sie sind mächtig und gefährlich. Aber sie können dich nicht besiegen, denn Christus ist stärker. Du tust jedoch gut daran, ihre Angriffstaktik kennenzulernen und ihnen mit den Waffen Gottes zu begegnen.

Das Böse begegnet dir in dreifacher Weise: *Satan, Welt* und *Fleisch*.

Dein erster Feind: der Satan

Die uns vom Mittelalter überlieferte Vorstellung vom Satan ist nicht nur lächerlich, sondern auch falsch. Aber sie hat dazu geführt, daß viele meinen, es handele sich um ein Fabelwesen, welches mit Hörnern versehen in der Hölle lebt und dann und wann von dort auftaucht, um uns zu dieser oder jener Sünde zu verführen. Aber der Satan, den uns die Bibel beschreibt, sieht ganz anders aus!

Lies bitte an dieser Stelle Hesekiel 28, 12–19 und Jesaja 14, 12–14. Diese beiden Texte offenbaren uns eine teuflische Macht, die die Welt regiert. Sie zeigen uns, daß dieses gefährliche Wesen ursprünglich von Gott ohne Sünde geschaffen wurde und daß es das mächtigste Geschöpf unter allen Geistern war, überragend an Schönheit und Intelligenz. Satan fand sich als schützender Cherub in der Gegenwart Gottes. Aber sein Herz überhob sich wegen seiner Schönheit. Er war nicht mehr mit seiner Stellung zufrieden und wollte »gleich sein dem Allerhöchsten«. Von diesem Augenblick an wurde er verstoßen und verlor seine Gemeinschaft mit Gott.

Trotzdem gewährte ihm Gott – wir wissen nicht genau warum – weiterhin die Freiheit und eine enorme Machtstellung über unseren Planeten, die noch andauert. Dennoch ist Satan der unerbittliche Feind Gottes geworden (sein Name »Satan« bedeutet »Feind«), denn er weiß, daß der Tag kommt, an dem er in den Abgrund und schließlich in die Hölle geworfen wird (Offb 20, 1–3.10). Das ewige Feuer ist eigens für ihn und seine Engel bereitet worden. Die Menschen, die auf seiner Seite stehen, werden unweigerlich sein Schicksal teilen (Mt 25, 41).

Dieses fürchterliche Geschöpf hat bei seinem Fall, so scheint es, ein Drittel der Engel Gottes mit sich gezogen (Offb 12, 4). Der Teufel hat immer noch Zugang zum Himmel (Hiob 1, 6–12), und in der unsichtbaren Welt bekämpft er die Engel Gottes und klagt die Jünger Christi an (Offb 12, 7–10). (Das Wort »Teufel« bedeutet »Verleumder«.) Er verfügt über ein großes Dämonenheer in den himmlischen Stätten, denen wir mit der siebenfachen Waffenrüstung Gottes begegnen müssen (Eph 6, 11–18). Diese Rüstung bietet jedoch keinen Schutz für den, der dem Feind den Rücken kehrt. Der Teufel wird mit einem hungrigen Löwen verglichen, der umhergeht und Beute sucht. Aber wenn wir ihm mit festem Glauben widerstehen, flieht er schließlich von uns (Jak 4, 7; 1 Petr 5, 8), denn der jetzt in uns wohnt, ist größer als der, der in der Welt ist (1 Joh 4, 4).

Satans Hauptziel ist nicht unbedingt, Menschen zur Sünde zu verleiten, sondern vor allen Dingen, sie von der Wahrheit Christi abzubringen, denn nur durch Christus allein können wir ein wahres Bild von Gott bekommen.

Satan will unsere Vorstellung von Gott verfälschen, um sich selbst als Gott ausgeben zu können. Er möchte »gleich sein dem Allerhöchsten«. Ihm ist es gleich, ob jemand Philosoph oder Ignorant, ehrenwerter Staatsbürger oder sozialer Außenseiter, ein religiöser Mensch oder ein Atheist ist. Was ihn interessiert, ist die Verblendung dieses Menschen, damit er nicht die Wahrheit in Christus erkennt (2 Kor 3, 14; 4, 3–4). Satan ist erbarmungslos.

Dein zweiter Feind: die Welt

Die Bibel unterscheidet zwischen der »Erde« und der »Welt«. Als Gott die Erde schuf, bewertete er sein Werk mit »sehr gut« (1 Mose 1, 31). Mit »Erde« meint die Heilige Schrift unseren Planeten, dessen wunderbare Schönheit und dessen unzählige Lebensformen die Größe und Freude des Schöpfers ausdrücken (Röm 1, 20; Spr 8, 30–31). Gott schuf Adam und seine Frau »zu seinem Bilde« (1 Mose 1, 27) und setzte sie in den Garten dieser Erde; und er sah, daß es »sehr gut« war. Welch eine Schönheit beinhaltet die Ehe, wie Gott sie schuf – und welch eine Tragödie, daß der Sündenfall sich ereignete!

Die christliche Theologie wurde vom dritten Jahrhundert an stark von der griechischen Philosophie beeinflußt, vor allem vom Neuplatonismus mit seiner Vorstellung eines Gegensatzes zwischen Seele und Materie. Die Materie wurde als das Böse angesehen, aus dessen Knechtschaft sich die Seele mittels der Erkenntnis befreien muß. Ähnliche Lehren sind auch grundlegend für den Hinduismus und den Buddhismus.

Diese unbiblische Trennung von Körper und Seele und die damit verbundene Abwertung des Leiblichen ist verantwortlich für die Askese und auch für die Sittenlosigkeit Europas im Mittelalter sowie für andere Auswüchse in der Geschichte des Christentums.

Dennoch steht diese Auffassung im krassen Gegensatz zu den Gedanken Gottes, denn nachdem er Materie und Leben geschaffen hatte, nannte er sie »gut«. Mit »Welt« bezeichnet die Bibel etwas anderes als die Erde. Der biblische Ausdruck »die Welt« (griech.: kosmos. Das griechische Wort »aion« wird auch oft benutzt, um »diese Welt« zu bezeichnen) bedeutet an einigen Stellen »die Himmel und die Erde« oder »das Universum«, jenes gewaltige kosmische System, das von Gott geschaffen ist. Im Neuen Testament bezeichnet dieser Ausdruck überwiegend die von Gott abgefallene Menschheit und Schöpfung. Sie unterstellt sich nicht der Herrschaft Gottes. Daher wird die ganze Erde verschmutzt, verdorben und zerstört durch den Wahn und die Ungerechtigkeit der Menschen.

Die Bibel offenbart uns die erstaunliche und erschreckende Wahrheit, daß Satan der Gott dieser Welt ist (2 Kor 4, 4). Er wird auch »der Fürst« genannt, »der in der Luft herrscht«, oder der Geist, »der jetzt wirksam ist in den Söhnen des Ungehorsams« (Eph 2, 2; Züricher). Jesus nennt ihn den »Fürst dieser Welt« und fügt hinzu, daß er bereits gerichtet ist (Joh 12, 31; 14, 30; 16, 11). Gott sei Dank! Satan will dem Allerhöchsten gleich sein. Deshalb ermutigt und inspiriert er die Menschen zur Schaffung einer fortgeschrittenen Zivilisation, zur Weiterentwicklung der Künste, der Wissenschaften und selbst der Religion, weil er auf diese Weise Ruhm auf sich lenken kann. Wenn ihm die Menschen diese Dinge bewußt oder unbewußt zuschreiben, hat er bereits sein Ziel erreicht.

Das bedeutet natürlich nicht, daß es keinen Platz für wahre Künste und Wissenschaften gibt, durch die Gott der Welt offenbart wird. Es ist nur leider eine traurige Tatsache, daß die meisten Genies der Welt uns von

Christus fort ins Dunkel führen. Wir brauchen in der Tat christliche Dichter, Philosophen, Maler, Komponisten, Wissenschaftler und Techniker. Es hat zu lange gedauert, bis wir dies erkannt haben. Satan hat die wahre Vorstellung von Gott aus der Gedankenwelt der Menschen verdrängt, um sein eigenes Bild auf diesen Platz zu stellen.

Die Menschen lehnen den wahren Gott und sein einzig gültiges Ebenbild, Jesus Christus, ab und beten damit unweigerlich einen anderen Gott an, der sein Feind ist. Paulus sagt, daß Satan den Sinn der Ungläubigen verblendet hat, so daß sie das helle Licht des Evangeliums Christi nicht sehen (2 Kor 4, 4). Johannes sagt, daß die ganze Welt unter der Macht des Bösen steht (1 Joh 5, 19). Es ist deshalb nicht verwunderlich, wenn uns Gott die Liebe zur Welt untersagt, denn: »So jemand die Welt liebhat, in dem ist nicht die Liebe des Vaters« (1 Joh 2, 15). Jesus ermahnte seine Jünger und sagte ihnen: »Wenn euch die Welt hasset, so wisset, daß sie mich vor euch gehaßt hat« (Joh 15, 18). Laßt uns das klarstellen: Die Welt ist unser Feind. Es ist dort kein Platz für Jesus. Bei seiner Geburt schickte man ihn in einen Stall, und als er in der Blüte seiner Jahre stand, verdammte sie ihn als einen Kriminellen, beleidigte, demütigte und quälte ihn schließlich zu Tode, indem sie ihn an ein Kreuz nagelte.

Auf der anderen Seite ist die Erde für ein Kind Gottes immer noch ein Grund zur Freude, trotz der Ausbeutung durch den Menschen und trotz des Wirkens der satanischen Kräfte nach dem Fall Adams. Jede Blume, jeder Sonnenaufgang, jedes lebende Geschöpf ist für den Jünger Christi ein Zeichen der göttlichen Weisheit. Aber er sieht die Welt eher als eine Tragödie an, als ein beängstigendes Schauspiel, eine schlummernde Gefahr. Früher fühltest du dich ziemlich heimisch in der Welt, aber jetzt ist alles anders. Es wird dir klar, daß du nicht mehr zum weltlichen System noch zu seinem Gott gehörst. Du gehörst einem anderen Machtbereich, dem Königreich Gottes, an.

Gott sagt: »Habt nicht lieb die Welt noch was in der Welt ist« (1 Joh 2, 15–17). Aber Jesus sagte auch: »Seid getrost, ich habe die Welt überwunden« (Joh 16, 33). Und: »Also hat Gott die Welt geliebt, daß er seinen eingebornen Sohn gab . . .« (Joh 3, 16). Es gibt demnach zwei sehr gegensätzliche Arten, die Welt zu lieben! Wir können nicht ihr teuflisches System lieben, aber wir können nicht anders als die Menschen lieben, die in diesem System gefangen sind.

Dein dritter Feind: die Sünde, die in dir wohnt

Aber am härtesten trifft es uns, wenn wir entdecken, daß das Böse noch in uns steckt, obwohl wir von neuem geboren sind (Röm 7, 7–21). Wir stellen betroffen und tief beschämt fest, daß wir immer noch sündigen können. Wir entdecken Gedanken, Worte und Taten, die Gott nicht gefallen können. Wir sind mit Recht tief betroffen. Einige Kinder Gottes beginnen sogar, ihre Erlösung anzuzweifeln. Wie kann ein Kind Gottes noch sündigen? fragen sie sich. In der Tat wird unser Gewissen durch den Heiligen Geist und das Wort Gottes sehr empfindlich gemacht. Wir beginnen auf einmal Sünden zu entdecken, die uns gestern noch gar nicht als solche bewußt waren oder die wir zumindest ohne weiteres dulden konnten. Ein tiefes Gefühl der Schuld und der Verderbtheit überkommt uns, wenn wir auf Christus schauen. Er hat unser geistliches Versagen mit dem Preis seines Blutes bezahlt.

Die zwei Knechtschaften

Verliere jetzt bloß nicht den Mut! Selbst der Apostel Paulus hat in seinen Schriften zugegeben, daß er das gleiche Problem hatte wie du. In diesem Zusammenhang solltest du einmal seinen wunderbaren Brief an die Römer lesen, vor allem die Kapitel 6, 7 und 8. In diesen Kapiteln untersucht er dieses Problem in aller Tiefe und zeigt uns die Lösung Gottes. Sie gehören zu den bedeutendsten und tiefgreifendsten Schriften der gesamten Weltliteratur. Du kannst sie ein Leben lang lesen und machst doch immer wieder neue Entdeckungen darin. Je öfter du diese Kapitel liest, um so reicher und bedeutungsvoller werden sie. Du solltest deshalb bald damit beginnen.

In Kapitel 7 beschreibt Paulus seinen inneren Kampf. Er spricht von der Macht der Sünde. In Kapitel 8 beschreibt er das machtvolle Werk des Geistes Gottes, der die Sünde in seinem Leben besiegt. Paulus erkennt ganz klar die Macht der Sünde. Er verniedlicht sie nicht. Aber er betont nachdrücklich, daß die Macht Gottes größer ist. In Kapitel 6 spricht er von zwei Knechtschaften – der Knechtschaft unter der Sünde und der Knechtschaft unter Gott. Die Sünde ist stärker als wir, und ob wir es zugeben wollen oder nicht, der Mensch ist ein Sklave der Sünde. Sie ist wie ein verheerendes, zerstörendes Geschwür, wie eine Krebsgeschwulst.

Eine todbringende Krankheit, der selbst der stärkste Mensch nicht widerstehen kann. Wie eine einzige Leukämiezelle im Blut ausreicht, um die Lebenshoffnung eines Menschen zu zerstören und ihn zu töten, so ist die Sünde eine tödliche Knechtschaft, deren Macht wir unter keinen Umständen entrinnen können, außer wenn wir den Herrn wechseln. Wenn ich die Herrschaft Jesu Christi in meinem Leben anerkenne und ihm alle Rechte über mein Leben abtrete, dann ist die Macht der Sünde gebrochen. Dann werde ich auch frei – nicht durch meine eigene Kraft, denn ich kann niemals durch meine eigenen Bemühungen die Macht der Sünde brechen. Ich werde von dieser Herrschaft durch eine Kraft befreit, die größer ist als die der Sünde, durch Jesus Christus, der jetzt in mir lebt. Mein Wille ist von dem Zwang zu sündigen befreit. Er erfährt dann seine wahre Bestimmung, wenn mein Dasein in das meines Schöpfers eingegliedert wird.

Befreiung ist das Werk Gottes

Es gibt nichts, was wir tun könnten, um wiedergeboren zu werden. Auch können wir Gottes Vergebung nicht verdienen. Wir sollten sie wie ein Geschenk annehmen. Auch unser eigenes Leben können wir nicht schaffen, es kommt einfach zu uns. Genauso können wir nichts unternehmen, um uns selbst von der Macht der Sünde zu befreien. Der einzige Ausweg liegt darin, daß wir die Erlösung als ein freies Geschenk von Gott annehmen. Der Geist Gottes zwingt niemals einen Sünder zur Bekehrung. Er überläßt es ihm, Gottes Angebot anzunehmen oder abzulehnen. Gott achtet den Willen des Menschen. Er zwingt auch niemand dazu, heilig zu werden! Aber sobald wir ihm die Handlungsfreiheit geben, beginnt er sein Werk.

Die Arbeitsweise des Heiligen Geistes gleicht dem Saft, der in einem Baum emporsteigt. Er fließt durch die Zweige, bildet Blätter, Blüten, Früchte und Samen und ermöglicht es so dem Baum, sich fortzupflanzen. Dieses Wunder beginnt im Frühling. Es wird eine ungeheure Energie frei, und doch sehen wir nicht, daß der Baum auch nur die geringste Mühe hat. Dieser Leben schaffende Vorgang läuft in der Stille ab. Genauso bringt der Heilige Geist das Leben Christi in uns hervor. Die Blume seines Wesens wächst und gedeiht in uns, aus der sich dann die Frucht der geistlichen Reife entwickelt.

1.2 Dein innerer Kampf

Der Gegensatz der beiden Naturen

Das Neue Testament lehrt sehr deutlich, daß ein Kind Gottes zwei verschiedene *Naturen* besitzt. Wenn wir die Briefe des Apostels Paulus studieren, spüren wir die Schwierigkeit, die er hatte, diese Dinge in Worten auszudrücken. Paulus schrieb das, was ihm vom Heiligen Geist eingegeben worden war. Er benutzte dazu einfache Worte, die er jedoch mit einer himmlischen und geistlichen Bedeutung füllte. Wir können nicht die ganze Tiefe dieser herrlichen Wahrheiten ergründen. Ich hoffe aber, daß ich sie etwas klarer machen kann.

Saulus und Paulus

Lies bitte Römer 7, 14–25 sorgfältig durch. Paulus schreibt dort in Vers 15: »*Denn ich weiß nicht, was ich tue. Denn ich tue nicht, was ich will; sondern was ich hasse, das tue ich.*« Hier werden zwei gegensätzliche Naturen des Paulus offenbar. Sicher erinnerst du dich, daß Paulus vor seiner Bekehrung Saulus hieß. Wir können nun den ganzen Abschnitt noch einmal lesen und dabei unterscheiden zwischen *Saulus,* dem natürlichen Menschen vor seiner Bekehrung, und dem neuen *Paulus,* dem Kind Gottes, dem Christus auf der Straße nach Damaskus begegnet ist. Diese beiden Persönlichkeiten bestehen nebeneinander in demselben Menschen. Paulus sagt zwar: »Ich . . .«, »Ich . . .«, aber einmal denkt er dabei an Saulus und das andere Mal an Paulus.

Wir können uns das verdeutlichen, wenn wir den Abschnitt nochmals wie folgt lesen: »Ich (Saulus) tue nicht, was ich (Paulus) will; sondern was ich (Paulus) hasse, das tue ich (Saulus). Wenn ich (Saulus) aber das tue, was ich (Paulus) nicht will, so gebe ich (Paulus) zu, daß das Gesetz gut sei. So tue nun nicht ich (Paulus) es, sondern die Sünde, die in mir (Saulus) wohnt.« Vers 21 ff.: »So finde ich nun ein Gesetz, daß mir, der ich (Paulus) will das Gute tun, das Böse anhanget (Saulus). Denn ich habe Lust an Gottes Gesetz nach dem inwendigen Menschen (Paulus); ich sehe aber ein ander Gesetz (oder Gewalt) in meinen Gliedern, das da widerstreitet dem Gesetz (oder Gewalt) in meinem Gemüte und nimmt mich (Saulus) gefangen in der Sünde Gesetz (oder Gewalt), welches ist in meinen Gliedern.«

Paulus ruft dann in Vers 24 aus: »Ich elender Mensch! Wer wird mich erlösen von dem Leib (oder besser übersetzt: von der Macht oder Wirklichkeit) dieses Todes?«

Er beendet jedoch diesen Abschnitt mit der triumphierenden Bemerkung: »Ich danke Gott durch Jesus Christus, unsern Herrn (der mich befreit)!« Nach meiner Meinung ist das der tiefe Sinn dieses Abschnittes.

Paulus ist sich des Kampfes zwischen diesen beiden Naturen in seinem Innern wohl bewußt: der alten Natur, die dem Gesetz oder der Autorität Gottes feindselig gegenübersteht und sich weigert, Gott zu gehorchen, und der neuen Natur, aus Gott geboren, die sich danach sehnt, seinen Willen zu tun und nach seinem Gesetz zu leben.

Jeder echte Christ macht diese Erfahrung. Nach der Wiedergeburt entdeckt er einen schrecklichen Konflikt in seinem Innern. Er besitzt in der Tat zwei Naturen. Die alte Natur hat sich nie um Gott gekümmert. Selbst jetzt lehnt sie es ab, seinem Willen gehorsam zu sein. Die Bibel sagt, daß sie unheilbar böse und vor allen Dingen unehrlich ist (Jer 17, 9). Das Neue Testament lehrt deutlich, daß diese alte Natur unrettbar verloren ist; sie kann weder verbessert noch geändert werden. Während alle Weltreligionen und Philosophien die Verbesserung dieser alten Natur lehren, weigert sich Gott, sie überhaupt zu beachten. Er will mit dir ganz von vorn anfangen. Nur die Schaffung eines völlig neuen Lebens kann ihn zufriedenstellen. Er will deine Persönlichkeit neu gestalten. Er möchte dir ein neues Herz geben (Hes 36, 26–27).

Der Same und die Erde – ein bemerkenswertes Gleichnis

Die Natur bietet viele Gleichnisse, um diese geistliche Wahrheit zu verdeutlichen. Der Erdboden allein kann kein Leben hervorbringen. Dazu ist es nötig, daß Same auf ihn fällt. Erst der Same, der keimt und wächst, verwandelt den toten Boden, so daß eine lebende Pflanze hervorsproßt. Ein Rosenstock oder eine Eiche besteht ganz und gar aus toter, unbeweglicher Materie, die von dem Lebensgesetz des Samens ergriffen und in einen neuen, lebenden Organismus eingegliedert wurde. Es ist nicht der Boden, der den Baum schafft, sondern allein das Lebensgesetz des Samens verwandelt seine Stoffe in einen Baum.

Gott lehrt uns: So wie der Erdboden allein außerstande ist, Leben hervorzubringen, ebenso kann auch unsere alte Natur weder Gottes Willen tun noch danach streben. Aber Gott pflanzt in unsere tote Seele den Samen des Lebens, d. h. sein lebendiges Wort: Christus, der sich im geschriebenen Wort offenbart. Dieser Same wird vom »Wasser« des Geistes Gottes genährt, er nimmt die Bestandteile unserer alten, toten Persönlichkeit und gestaltet sie um in eine neue, lebendige Persönlichkeit nach dem Bilde Christi. Das ist das Wunder der Wiedergeburt.

Leben in einer anderen Dimension

So bestehen nun zwei Naturen in dir. Du bist Saulus, aber auch Paulus! Du wirst nie imstande sein, deine alte Natur zu verändern. Niemals könntest du aus ihr etwas für Gott Wertvolles hervorbringen. Deine neue Natur jedoch möchte unter allen Umständen den Willen Gottes befolgen, und in der Tat kann sie auch nicht anders. Paulus beschreibt dies Neue mit den erstaunlichen Worten: »Christus lebt in mir« (Gal 2, 20). Dieses neue Leben hat seinen Ursprung in Gott selbst.

Die alte Natur befindet sich nun in ständigem Aufruhr gegen Gott. Wenn du sündigst, so sündigt nicht deine neue, sondern die alte Natur. Wenn du den Willen Gottes tust, dann handelt deine neue Natur, niemals die alte. Welch herrlicher Gedanke! Deine neue Natur ist unfähig zu sündigen! »Wer aus Gott geboren ist«, sagt Johannes, »der tut nicht Sünde . . . und kann nicht sündigen« (1 Joh 3, 9+10). Aber er sagt auch, daß wir Gott zum Lügner machen und uns selbst verführen, wenn wir sagen, daß wir keine Sünde haben (1 Joh 1, 8+10). Johannes scheint sich hier zu widersprechen. Das ist aber nicht der Fall. Wie Paulus kennt auch Johannes den inneren Kampf des Gläubigen.

Der Jünger Jesu Christi ist nicht schizophren. Seine *alte* Natur ist nicht gespalten; sie ist völlig *normal* im natürlichen Sinne. Der Widerspruch erklärt sich damit, daß er nun neues Leben besitzt. Er lebt in einer Dimension, die jenseits der Erfahrung der anderen Menschen liegt. Wie ein Mensch, der mitten in der Wüste gelebt oder den Mount Everest bestiegen hat, oder wie einer, der auf dem Mond war, so kennt er jetzt eine Welt, die über das Begriffsvermögen der anderen Menschen hinausgeht.

Die Leute um uns herum verstehen einfach nichts von alledem. Es gibt natürlich keine Worte in der gewöhnlichen Sprache, um solche Erfahrungen zu beschreiben. »Der Mensch hat keine himmlische Sprache«, sagte einmal ein weiser Mann. Gott mußte für uns einen völlig neuen Wortschatz schaffen, um die Wahrheiten auszudrücken, die jenseits unseres natürlichen Verstehens liegen. Dies hat er in der Bibel getan.

Biblischer Wortschatz

Bevor wir dieses Kapitel beenden, sollten wir einmal die Ausdrücke näher betrachten, die im Neuen Testament gebraucht werden, um die beiden Naturen des Gläubigen zu bezeichnen. Die alte, böse Natur wird *der alte Mensch, die Sünde, die in mir wohnt* oder *die Sünde im Fleisch* genannt. Manchmal wird sie einfach *Sünde* oder *das Fleisch* genannt. Dieser letzte Ausdruck taucht sehr oft in den Briefen des Paulus auf, aber er darf nicht verwechselt werden mit dem Begriff *Körper,* der im griechischen Urtext mit einem anderen Wort bezeichnet wird. Nach Paulus ist der Körper des Gläubigen, obwohl immer noch sterblich, tatsächlich der Tempel des Heiligen Geistes. Das *Fleisch* dagegen ist die Wurzel der Sünde. Dieses ansteckende »Sündengesetz« hat alle Menschen durchdrungen und hält sie im Griff, seitdem der Mensch in Sünde gefallen ist. Bei der Wiederkunft Jesu Christi werden wir in unserem Auferstehungsleib für immer von dieser bösen Gewalt der Sünde befreit sein; sogar ihre Wurzeln werden verschwinden. Die alte Natur wird dann aufhören zu existieren. Welch eine Erlösung!

Auch die neue Natur hat verschiedene Bezeichnungen im Neuen Testament. Da finden wir z. B. die Bezeichnung *der neue Mensch,* der *innere Mensch,* die *göttliche Natur, der, der von Gott geboren ist, Christus lebt in mir.* Der von Paulus in seinen Schriften jedoch am häufigsten gebrauchte Ausdruck ist *Geist*. Im Griechischen wird kein Unterschied zwischen großen und kleinen Buchstaben gemacht. Es ist daher nicht erstaunlich, wenn es in einigen Textstellen nicht auf den ersten Blick klar wird, ob das Wort *Geist* sich auf den Geist Gottes oder auf den wiederhergestellten menschlichen Geist bezieht. Ich glaube, daß Gott mit Absicht diese Doppeldeutigkeit zuließ, um die intime und untrennbare Beziehung hervorzuheben, die nun zwischen dem Geist Gottes und unserem Geist in Christus besteht. Die beiden sind miteinander verbunden, wie das Kind mit seiner Mutter vor der Geburt. Deshalb sagt der Apostel Paulus: »Wer kann uns trennen von der Liebe Gottes?« (Röm 8, 35).

Bitte nicht verwechseln: Seele und Geist!

Die griechische Philosophie rühmte die Seele über alles. Aus Gottes Sicht ist die Seele des Menschen tot, nicht fähig zur Gemeinschaft mit Gott. Der natürliche Mensch ist außerstande, die göttlichen Wahrheiten zu verstehen, selbst wenn er es wollte oder sogar ein wissenschaftliches Genie wäre, denn die göttlichen Dinge können nur *geistlich* erfaßt werden (1 Kor 1, 18–25; 2, 14–15). Erst der *geistliche* Sinn ermöglicht dem Menschen, Gott zu erkennen, *der Geist ist* (Joh 4, 24). Seine Seele ist durch eine »Decke« geistlichen Unbewußtseins begrenzt, die sie nicht übersteigen kann.

In der Bibel bedeutet das Wort Seele (hebr.: *nephesh*, griech.: *psyche*) »Atem«, genauso wie das Wort Geist (hebr.: *ruach,* griech.: *pneuma*). Aber Gott setzt sie in solch einen Gegensatz zueinander, daß er nicht zögert, die rein intellektuelle und lieblose Weisheit als irdisch, *seelisch* (Luther: *menschlich,* griech.: *psychike*) und teuflisch (griech.: *daimoniodés*) zu bezeichnen (Jak 3, 15; siehe auch Jud 19). Dagegen durchdringt der Geist

Gottes durch den neugeborenen Geist die Seele des Gotteskindes, formt die Denkprozesse um und schenkt der Seele auf diese Weise fortschreitende Erleuchtung.

Es gibt also eine Lösung für das Problem deines inneren Zwiespalts, aber sie ist übernatürlich. Die neue Geburt ist ein Wunder. Sie ist der Anfang des ewigen Lebens, und das ewige Leben ist ein endloses Wunder.

1.3 Du – der Tempel des Heiligen Geistes?

Hättest du dir das jemals träumen lassen? Du bist wirklich der Tempel Gottes. Der Geist Gottes lebt jetzt tatsächlich in dir. Wie könnte ich einem so verwegenen Gedanken Glauben schenken, wenn das Wort Gottes es nicht so eindeutig darstellen würde? Mehr als 30 Textstellen weisen im Neuen Testament darauf hin, daß jedes Gotteskind ein Tempel des Heiligen Geistes ist, wie z. B. 1. Korinther 6, 19: »Oder wisset ihr nicht, daß euer Leib ein Tempel des Heiligen Geistes ist, der in euch ist, welchen ihr habt von Gott, und seid nicht euer eigen?«

In dieser Textstelle wiederholt Paulus dreimal auf verschiedene Weise, daß die Christen von Korinth den Heiligen Geist in sich haben. Er macht hier keinen Unterschied zwischen den geistlich Starken und den geistlich Schwachen. Er spricht sie alle an. Diese Stelle wendet sich jedoch nicht nur an die Christen von Korinth, sondern an alle, »die den Namen unseres Herrn Jesus Christus anrufen an jedem Ort«, wie Paulus es in seiner Einleitung klarmacht (1 Kor 1, 2).

Wir wissen, daß die Mehrheit der Glieder der korinthischen Gemeinde sehr unvollkommen war. Paulus tadelt sie wegen einer ganzen Reihe ernster Fehler wie Streitereien, Spaltungen, Rechtsstreitigkeiten und sogar wegen der Duldung eines schweren Falles von Unmoral. Es bestand Unordnung am Tisch des Herrn und Verwirrung in Lehrfragen. Einige gingen sogar so weit, die Auferstehung anzuzweifeln. Paulus wirft ihnen vor, fleischliche Gläubige und geistliche »Babys« zu sein (1 Kor 3, 1–2). Er zögert jedoch nicht zu sagen, daß sie alle den Heiligen Geist in sich wohnen haben. Dieser Vers allein (1 Kor 6, 19) würde ausreichen, um jedem wahren Kind Gottes den Zweifel zu nehmen, ob es den Heiligen Geist in sich trägt. Die geistliche Kraft spielt hier keine Rolle. In 1. Korinther 3, 16 wiederholt Paulus derselben Gemeinde: »Wisset ihr nicht, daß ihr Gottes Tempel seid und der Geist Gottes in euch wohnt?«

In 2. Korinther 6, 16 sagt er von sich selbst und von den Christen in Korinth: »Wir aber sind der Tempel des lebendigen Gottes.«

Den Christen in Thessaloniki sagt Paulus: Gott hat euch den Heiligen Geist gegeben (1 Thess 4, 8).

In Römer 8, 9–11 stellt Paulus den Geist Gottes mit dem Geist Christi gleich und betont: »Wer aber Christi Geist nicht hat, der ist nicht sein.« (Für diejenigen, die dieses Thema genauer studieren wollen, hier einige interessante Textstellen: Röm 5, 5; 8, 15–16. 23. 26–27; 1 Kor 2, 12; 12, 3.7; 2 Kor 1, 21–22; 5, 5; Gal 3, 2.5. 14; 4, 6; 5, 25; Eph 1, 13–14; 4, 30; Kol 2, 10; 1 Thess 4, 8; 2 Tim 1, 7.14; Tit 3, 5–6; Jak 4, 5; 1 Joh 3, 24; 2, 20.27; 4, 13; 5, 6–10).

Wie ermutigend! Wenn Gott es nicht selbst sagen würde, hätte ich niemals zu glauben gewagt, daß er sich herabläßt, um in mir zu wohnen und mich seine Wohnstätte nennt!

Das Neue Testament lehrt jedoch noch etwas viel Erstaunlicheres. Gott sagt, daß nicht nur unser Herz, sondern auch unser Körper ein Tempel des Heiligen Geistes ist. Welches Vorrecht! Wenn du die Straße entlanggehst, kannst du vertrauensvoll zu dir sagen, daß Gott mit dir, sogar in dir, die Straße entlanggeht. Der Ewige, der das Weltall geschaffen hat und alle Dinge am

Leben erhält, der die Quelle der Weisheit und der Kraft ist, ist in dir und belebt ständig dein ganzes Wesen. Er ist in dir, um dein Leben mit seiner Nähe zu erfüllen. Er will in dir und durch dich seinen Willen verwirklichen.

Wer aber ist der Heilige Geist?

Für viele Menschen ist dies noch immer ein recht geheimnisvolles Thema. Allzu häufig wird der Heilige Geist in den Kirchen beiseite gelassen oder mißverstanden. Was über ihn gesagt wird, zeugt von verschiedensten, oft unglaublich verwirrten Vorstellungen. Dennoch gibt uns die Bibel eine klare und vollständige Auskunft über den Heiligen Geist.

Der Heilige Geist ist Gott – darüber läßt die Bibel keinen Zweifel. Diese Aussage führt uns in das Zentrum des größten aller Geheimnisse, nämlich der Dreieinigkeit. Das Wort *Dreieinigkeit* steht nicht in der Bibel. Lange nach dem apostolischen Zeitalter wurde es in den christlichen Wortschatz aufgenommen, um die Definition der biblischen Wahrheit über Gott zu erleichtern und Irrlehren zurückzuweisen, die um die Person Jesu Christi und um den Heiligen Geist entstanden waren. Die Lehre von der Dreieinigkeit wird jedoch sehr klar in der Bibel herausgestellt, und ich möchte nur einen der Aspekte hier hervorheben.

Wir lesen, daß Gott Liebe ist (1 Joh 4, 8.16). Gott schuf das Universum, um seine überwältigende Liebe auszudrücken, und weil er die Liebe intelligenter Wesen – wie Menschen und Engel – suchte. Aber wen oder was hätte Gott lieben können, bevor er das Universum schuf? Du kannst nicht das lieben, was nicht existiert. Liebe kann nicht bestehen, wenn es nichts zu lieben gibt. Da Gott Liebe ist, verstehen wir, daß er nicht lebt, ohne zu lieben. Wenn er nicht liebte, würde es überhaupt kein

Leben geben. Dies bedeutet, daß er bereits vor der Schaffung des Weltalls notwendigerweise in sich selbst einen Grund seiner Liebe gefunden haben muß, den er seinen Sohn nennt. Zwischen dem Vater und dem Sohn besteht eine gegenseitige, ewige, unveränderliche Liebe.

Gott möchte allen intelligenten Wesen, die er schuf, seine Liebe mitteilen. Der Mensch kann nicht selbst die Tiefen des Herzens Gottes ausloten. Dies ist nur möglich, wenn Gott selbst die Initiative ergreift, sich selbst offenbart und seine Gedanken mitteilt. Dies tut er durch das *Wort*. Jesus Christus wird in der Bibel das Wort Gottes genannt. Er ist der Ausdruck der Gedanken Gottes, nämlich seiner vollkommenen Liebe.

Der Atem Gottes

Ein Wort ist unhörbar, wenn es nicht ausgesprochen wird, d. h., wenn ihm der Atem nicht »Körper« oder Klang verleiht. Der Mensch kann daher das göttliche Wort nicht hören oder verstehen, wenn nicht Gott es »ausatmet« oder, mit anderen Worten, seine Gedanken »ausspricht«. Wenn Gott sein Wort mit der Energie seines »Atems«, d. h. seines Geistes, versieht, so wird dieses wunderbare Wort für das menschliche Bewußtsein verständlich. Der Himmel öffnet sich dem Menschen, wenn er die unendliche Liebe Gottes entdeckt. Man kann das griechische Wort *pneuma* mit *Wind, Atem* oder *Geist* übersetzen. Im Deutschen unterscheiden wir zwischen Geist und Atem. Das Lateinische und das Griechische kennen jedoch keinen solchen Unterschied. Dort wird das gleiche Wort benutzt, um beides auszudrücken. Deutlich wird uns dies in Johannes 3, 5–8, wo Jesus Bezug nimmt auf die Wirkung des Heiligen Geistes und sagt, daß »der Wind bläst, wo er will«. Im Originaltext steht hier das Wort *pneuma,* welches Geist und Wind bedeutet.

Der Heilige Geist ist der Atem Gottes, so wie Jesus der Sohn und das Wort Gottes ist. Während das Wort den Gedanken des Herzens ausdrückt, macht der Atem das Wort hörbar. Der Sohn Gottes ist Gott selbst, der sich ausdrückt, der sein unergründliches Wort ausspricht und die Freude seiner Liebe offenbart. Der Geist Gottes ist Gott, der sein Wort hörbar macht, der es dem menschlichen Verstand erklärt.

Es ist Gott, der in dir wirkt

Da nun der Geist Gottes dich belebt, teilt er dir die Gedanken Gottes mit. Auf diese Weise formt er in deinem Bewußtsein das Bild Christi. Sein erster Wunsch ist es, dir Christus zu offenbaren. Er möchte ihn *durch* dich zum Ausdruck bringen, denn nachdem du erst einmal das Licht angenommen hast, wirst du selbst zu einer Quelle des Lichts. Gott beginnt durch dein Leben hindurch nach außen zu strahlen. Du wirst zum Spiegelbild seiner Liebe.

Wenn du dein Herz Gott öffnest, kommt sein Geist in dich hinein. So wie die Frühlingssonne die Erde weckt und die Pflanzen zum Blühen bringt, so wie das verliebte Gesicht eines Mädchens das Herz eines jungen Mannes überwältigt, so weckt der Heilige Geist das Leben Christi in dir, wenn er in dein Leben eintritt. Eben warst du noch tot in deinen Sünden (Eph 2, 1), aber jetzt wird dein toter Geist belebt. Du bist von oben geboren worden. Deine Seele empfängt das Sehvermögen, und du beginnst das Wunder der ewigen Schönheit Gottes zu bestaunen. Du schaust Gott geradewegs ins Angesicht. Du bist ein neugeborenes Kind im Königreich des Lichts. Du bist das jüngste Mitglied der Familie Gottes!

In dir ist gerade ein wirkliches Wunder geschehen. Gott nennt dieses Wunder Neugeburt. Dies ist der

Beginn des ewigen Lebens. Und all dies, so lehrt es die Heilige Schrift, ist das Werk des Heiligen Geistes. Der Heilige Geist schreibt das Gesetz Gottes in dein Herz und wandelt dein ganzes Leben um. Er entfacht die Gottesliebe in dir und offenbart dir die Herrlichkeit Gottes im Angesicht Jesu Christi. Du beginnst durch deine eigenen Erfahrungen den Himmel kennenzulernen.

Und dann?

»Im Geist (griech.: durch den Geist) habt ihr angefangen«, sagt Paulus (Gal 3, 3), »wollt ihr's denn nun im Fleisch (durch das Fleisch) vollenden?« Der Geist Gottes begann dieses wunderbare Werk in dir. Er allein nur kann es weiterführen. Paulus fügt hinzu (Gal 5, 25; Elberfelder): »Wenn wir durch den Geist leben (Leben empfangen haben), so laßt uns durch den Geist wandeln (vorwärtstreiben, vorankommen, vorwärtseilen).« Das christliche Leben kann auf dieser Erde nur in der Kraft des Heiligen Geistes gelebt werden. Niemand kann ohne ihn ein Kind Gottes werden. Niemand kann *sich selber gebären,* noch kann man *sich selbst zum Wachsen bringen.* Das ist ganz allein Gottes Werk.

1.4 Die Fülle des Geistes

Das wirkliche Leben eines Jüngers Jesu

»Werdet voll Geistes« (Eph 5, 18)! Der Heilige Geist wohnt in jedem Kind Gottes, aber nicht jedes hat die Fülle des Geistes. Zu oft glauben die Menschen, daß diese Fülle ein geistlicher Luxus ist, der nur einigen wenigen Superheiligen vorbehalten ist. Aber Gottes dringlichster Wunsch ist es, daß *wir alle* die »Fülle Gottes« besitzen. Paulus beschreibt diese Erfahrung als die Erkenntnis der Liebe Christi, »die doch alle Erkenntnis übertrifft« (Eph 3, 14–19). Dies scheinen nur wenige Christen verstanden zu haben. Zumeist scheinen sie damit zufrieden zu sein, ein mittelmäßiges oder eher armes geistliches Leben zu führen. In Gottes Augen ist die Fülle des Geistes kein Luxus: Sie ist eine *Notwendigkeit*. Gott besteht darauf. »Werdet voll Geistes« ist ein *Gebot*! Ohne diese Fülle zu bleiben, ist daher nicht unnatürlich. Es ist Sünde.

Durch die Neugeburt trittst du in das Königreich Gottes ein – aber warum bleibst du an der Tür stehen? Der Gott, der dich aus der Hölle errettet hat, wird dich danach nicht am Wegesrand liegen lassen. Da Gott unendlich ist, bietet das ewige Leben folglich unbegrenzte Möglichkeiten. Warum sollten wir seinen Geist durch unseren Unglauben einengen? Kämpfe ums Höchste!

Die zwei Ebenen christlichen Lebens

Gott unterscheidet deutlich zwischen dem geistlichen und dem fleischlichen Christen (1 Kor 3, 1–3; Hebr 5, 11–14). Der fleischliche Christ ist wie ein Baby, das noch an der Milchflasche nuckelt. Sein geistlicher Sinn ist zu wenig entwickelt, um die »Tiefen Gottes« erforschen zu können (1 Kor 2, 9–12). Das geistliche Kleinkind bleibt im Abc des Glaubens stecken. Dagegen kann der erwachsene Gläubige zwischen Gut und Böse unterscheiden, und er ist in der Lage, andere die geistlichen Wahrheiten zu lehren.

Paulus berichtet uns, daß es Gläubige gibt, die ihren Sinn nur auf göttliche Dinge gerichtet halten, während andere nach fleischlichen Dingen trachten (Röm 8, 5–7).

Der geistliche Christ tritt all seine Rechte an Gott ab. In allen Dingen vertraut er auf Jesus Christus. Er möchte von ganzem Herzen Gottes Willen tun. Gott kann einen solchen Menschen bis zum Äußersten füllen und ihn ganz gebrauchen. Den fleischlichen Christen locken dagegen stets die Dinge dieser Welt, und sogar die Sünde erscheint ihm anziehend. Er vernachlässigt die Möglichkeit, die Gott ihm gab, um sein geistliches Leben zu vertiefen. Ein solcher Christ bleibt bedauernswert schwach und hinkt nach links und rechts unter der Anziehungskraft allerlei unnützer Dinge. Er ist ständig verzweifelt und leidet, denn tief in seinem Inneren kennt er die Wahrheit, und er liebt Gott wirklich. Der fleischliche Christ möchte Gottes Willen tun, aber in seiner täglichen Erfahrung bleibt er dazu oft unfähig. Er ist ein Gotteskind, das noch unreif und nicht erwachsen ist. Ein neugeborenes Baby erfreut uns sehr, aber über ein 40jähriges Baby kann man nicht mehr lachen. Es macht auf uns einen bedauernswerten, erschreckenden und sogar abstoßenden Eindruck. Der geistliche Christ dagegen ist mit dem Geist Gottes erfüllt. Der fleischliche Christ *hat* den Geist Gottes in sich und »mit« sich, sonst wäre er kein Kind Gottes, aber es fehlt ihm die Lebenskraft, die überwältigende Fülle des Geistes.

Unterschiede zwischen Installation und Wartung

Der Unterschied zwischen diesen beiden geistlichen »Ebenen« läßt sich am besten durch ein Gleichnis verdeutlichen. Stell dir zwei Reihenhäuser vor. Sie haben beide den gleichen Wasser- und Stromanschluß. In einem der Häuser ist die Einrichtung in gutem Zustand. Du kannst soviel Licht und Wasser haben, wie du willst und wann du willst. In dem anderen Haus gibt es Stromausfälle und tropfende Rohre. Wenn du den Wasserhahn aufdrehst, kommen nur ein paar Tropfen heraus. Wenn du den Lichtschalter betätigst, entdeckst du, daß die Glühbirne durchgebrannt ist, und niemand hat daran gedacht, sie auszuwechseln. Und doch haben beide Häuser die gleiche Versorgung mit Wasser und Strom! Der Unterschied besteht in dem Wartungszustand jedes Hauses. Hieran siehst du, daß der fleischliche Christ ebenso *gesegnet* sein könnte wir der geistliche Christ, aber leider profitiert er nicht von der ständigen Fülle, die den geistlichen Christen ausmacht. Er muß unbedingt den göttlichen »Klempner« oder »Elektriker« rufen, um seine »Installation« wieder betriebsfähig zu machen.

Wozu die Fülle des Geistes?

Gott gibt uns die Fülle seines Geistes, damit wir *seinen Willen tun können*. Und es ist sein Wille, daß verlorene Menschen Christus erkennen. Diese Wahrheit hat zwei Seiten:
1. In der Apostelgeschichte lesen wir, daß die Jünger immer wieder mit dem Heiligen Geist erfüllt wurden. Diese Geistesfülle soll ihr Zeugnis für Christus wirksam machen. So befähigt sie der Heilige Geist am Pfingsttag (Apg 2), mehr als dreitausend Menschen zu überzeugen und zum Glauben zu führen. Als Petrus später dem Hohen Rat gegenübersteht (Apg 4, 8 ff.), der für die Kreuzigung seines Herrn verantwortlich ist, klagt er ihr Verbrechen mit erstaunlichem Mut an. Aus dem Gefängnis entlassen, predigen Petrus und Johannes dann das Wort Gottes mit Freimut (das griechische Wort bedeutet *Kühnheit*). Wir lesen (Apg 4, 31) auch von Barnabas, dem Mitstreiter des Paulus, daß er voll Heiligen Geistes war (Apg 11, 24). Paulus weist unerschrocken den Zauberer Elymas, der ein Freund des Diktators von Zypern

war, zurecht und bindet seine dämonischen Kräfte (Apg 13, 9).

Aus diesen angeführten Beispielen ersehen wir, daß der Geist Gottes in seiner Fülle das Wort und Zeugnis der Apostel mit *göttlicher Autorität* versieht. Sie wußten nach allem, was Christus sie gelehrt hatte, daß der Heilige Geist kommen würde, um ihn zu offenbaren (Joh 15, 26–27; 16, 13–15). Dies geht klar aus dem Geschehen in Apostelgeschichte 4, 32–33 hervor: »Mit großer Kraft gaben die Apostel Zeugnis von der Auferstehung des Herrn Jesus.« Der Geist erfüllt dich also, um *durch dich der Welt Christus zu bezeugen!* Gott möchte durch dich die Menschen davon überzeugen, daß er die Wahrheit ist.

2. Außerdem erfahren wir aus der Apostelgeschichte, daß der Heilige Geist kam, um *alle Jünger Christi eng miteinander zu vereinigen.* Er kam, *um sie mit Liebe zu füllen.* Diese göttliche Liebe gebraucht er als Waffe, um die Welt zu bekehren. Diese Liebe bezeugt die Nähe Jesu (Joh 13, 34–35). Christus versprach, daß die Welt tatsächlich an ihn glauben würde, wenn nur wir, seine Jünger, uns untereinander so lieben, wie er uns geliebt hat. Wir sollen füreinander dieselbe Liebe haben, wie er sie uns am Kreuz von Golgatha gezeigt hat. *Diese Gegenwart Jesu in unserer Mitte ist für unser Zeugnis lebensnotwendig und kommt vom Geist Gottes.* Wir lesen: »Die Menge aber der Gläubigen war ein Herz und eine Seele; auch nicht einer sagte von seinen Gütern, daß sie sein wären, sondern es war ihnen alles gemeinsam . . . und große Gnade war bei ihnen allen« (Apg 4, 32–33).

Was ist die Fülle des Geistes?

Da der Umfang dieses Buches eine ausführliche Behandlung des Themas nicht zuläßt, kann ich nur eine kurze Zusammenfassung von dem geben, was ich entdeckt habe. Ich hoffe, daß du trotzdem eine Vorstellung erhältst von der unendlichen Fülle eines Lebens »in Christus«. Leider hat man in einigen christlichen Kirchen kaum eine Beziehung zum Heiligen Geist. In anderen Kirchen spricht man dagegen von nichts anderem, allerdings oft in verzerrter Weise. Man versucht, den Wirkungsbereich des Geistes auf ein oder zwei Formen zu begrenzen, und selbst diese sind vielfach eine falsche Auslegung der Schrift! Beide Einstellungen sind falsch und gleichermaßen verhängnisvoll.

So wie das weiße Licht der Sonne ein *Spektrum* von sieben Farben aufweist, so offenbart der Heilige Geist, wenn er uns erfüllt, Christus in unserem Leben durch *eine siebenfache Tätigkeit*. Sein Wirken enthält solch eine segensreiche Vielfalt, wie wir sie in der Schöpfung beobachten können, die ja auch sein Werk ist. Die Menschen beleidigen und entehren den Geist Gottes durch ihre Neigung, ihn auf eine Formel zu bringen. Er ist Gott. Selbst der Kosmos kann nicht all die Schönheit und Vielfalt seines Wesens ausdrücken.

1. Die sieben Merkmale der Fülle des Geistes

a) Der Heilige Geist *bezeugt unserem Geist,* daß wir Gottes Kinder sind (Röm 8, 16). Wer an den Sohn Gottes glaubt, hat dieses *Zeugnis in sich* (1 Joh 5, 10). Das ist die Quelle unserer Gewißheit. Aber wir dürfen nicht vergessen: Der Heilige Geist hat das Wort Gottes geschaffen, um durch das Wort zu uns zu sprechen. Der Geist, das Wort und der Sohn Gottes sind untrennbar. Du kannst und darfst sie nicht voneinander trennen. Die Bibel ist das Handbuch des Geistes. Du kannst nicht Christus ohne den Geist, noch den Geist ohne die Schrift bekommen.

b) Dann zeugt er durch uns von Christus (Joh 15, 26–27). Er gibt unserem Zeugnis die göttliche Vollmacht. Dies ist der einzige Weg, auf dem wir die Menschen von der Wahrheit überzeugen können.

2. Die Frucht des Geistes

Der Heilige Geist bringt in uns Frucht hervor (Gal 5, 22). *Diese Frucht des Geistes ist der Charakter Jesu*, der sich aus neun Merkmalen zusammensetzt: *Liebe, Freude, Friede, Geduld, Freundlichkeit, Gütigkeit, Glaube, Sanftmut, Enthaltsamkeit*. Diese Eigenschaften sind in der Tat die vielfältigen Aspekte der *Liebe*. Ich erkenne die Fülle des Geistes in einem Menschen nicht an seinen Worten, sondern daran, ob er die Liebe Jesu bezeugt, d. h., ob er bereit ist, für seinen Bruder am Kreuz zu sterben. Wenn der Geist Gottes einen Menschen erfüllt, ist er so demütig wie ein Kind (Mt 18, 3–5).

Wenn wir erfüllt sind mit dem Heiligen Geist, dann *lieben wir Gott von ganzem Herzen* (Mt 22, 37). *Wir lieben auch unseren Nächsten* wie uns selbst (Mt 22, 39), und *wir lieben unseren Bruder* so, wie uns Christus geliebt hat (Joh 15, 12). Dies ist ein Wunder, und doch ist es Wirklichkeit.

3. Die Gemeinschaft des Geistes

Der Heilige Geist schafft Gemeinschaft oder *Brüderlichkeit* (2 Kor 13, 13). Das griechische Wort bedeutet »teilen«.

a) Wenn der Heilige Geist uns erfüllt, bringt er uns zugleich in eine außergewöhnliche Gemeinschaft *mit Gott.* Wir teilen alles mit ihm (1 Joh 1, 7). Er ist mein und ich bin sein. Wir haben Christus gemeinsam. Ich teile mit Gott den Gegenstand seiner Liebe.

b) Er bringt uns dann in eine innige Gemeinschaft *mit unseren Brüdern* (1 Joh 1, 3). Wir teilen das Leben Jesu (wie in Apg 4, 32). *Der Geist Gottes trennt niemals die Gläubigen.* Er führt sie zusammen. Du kannst sicher sein, daß alles, was den Leib Christi auseinanderreißt, nicht von Gott kommt, sondern aus einer bösen Quelle.

4. Die Fürbitte des Geistes

a) Er ist der *Fürsprecher.* Er bittet *für uns* »mit unaussprechlichem Seufzen« (Röm 8, 25–27). Er ist unser zweiter »Anwalt« (Joh 14, 16). Dies ist die Bedeutung des griechischen Wortes, welches in einigen Versionen dieses Verses mit »Tröster« oder »Ratgeber« übersetzt wird. Es ist dasselbe Wort wie in 1. Johannes 2, 1, wo auch Jesus unser »Anwalt« genannt wird. So haben wir also einen Fürsprecher im Himmel zur Rechten Gottes, und wir haben einen Fürsprecher mit uns hier auf der Erde! Welch eine starke Rückendeckung bedeutet das für uns!

b) Er betet *durch uns* (Jud 20). Die Fülle des Geistes findet ihren Ausdruck in einem intensiven Gebetsleben. Wir werden jetzt selber Fürsprecher vor Gott, denn wir beten im »Allerheiligsten« für die, die draußen sind.

5. Die Unterweisung des Geistes

a) *Er lehrt uns* (1 Joh 2, 20.27; Joh 16, 13–15). Das Ziel seines Unterrichts besteht darin, *uns den Herrn Jesus Christus zu offenbaren.* Nur durch ihn können wir den

Vater erkennen, und nur der Geist Gottes kann uns den Sohn Gottes offenbaren.

b) Er gebraucht dazu das *Wort Gottes*. *Die Bibel* wird für uns ein kristallklares Buch, ein Spiegel, in dem wir das Angesicht Gottes entdecken (2 Kor 3, 18; Ps 119; 130).

6. Die Führung des Geistes

Er *führt* oder *leitet uns* (Röm 8, 14). So wie Israel durch die Wolke der Gegenwart Gottes in der Wüste geführt wurde, so werden auch wir, wenn wir mit dem Geist Gottes erfüllt sind, empfindsam für das, was er uns zeigen will. Dies ermöglicht es ihm, uns durch die Wüste hindurch und zur Erfüllung der Verheißung Gottes in Christus zu führen. Er benutzt drei Mittel, um uns zu führen:

a) *Die Schrift*. Wenn Gott uns etwas in der Bibel klar sagt, dann ist das genug. Wir sollten nicht nach weiterer Führung Ausschau halten.

b) *Umstände*. Wenn es auf Einzelheiten ankommt, gebraucht Gott häufig die Umstände, um in einer besonderen Situation auf seinen Willen hinzuweisen. Dies gilt für den Gläubigen, der sich nahe bei Gott hält.

c) Die *Stimme Gottes* in unserem Bewußtsein, eine *innere Überzeugung*. Eine solche Überzeugung steht nicht im Widerspruch zur Schrift. Seine Stimme deckt sich immer mit seinem Wort. Nur anhand der Schrift werden wir die Geister unterscheiden lernen und Satans Betrug aufdecken, wenn er versucht, die Stimme Gottes nachzuahmen. Gott benutzt in Apostelgeschichte 10 alle drei Mittel, um Petrus zum Haus des Cornelius zu führen. Welch ein Segen entstand für die Welt durch diese Führung des Geistes! Genauso führte der Geist Gottes Abrahams Diener in 1. Mose 24 und ermöglichte es ihm, jene Frau zu finden, die später die Mutter des Heiligen Volkes werden sollte.

7. Die Gaben des Geistes

Er befähigt uns durch geistliche Gaben zum Dienst für Gott. Der Heilige Geist will durch uns Christus der ganzen Welt offenbaren. Er allein weiß am besten, wie jeder Gläubige Gott dienen kann. Gott schafft die Menschen nicht am Fließband. Du bist als Person völlig einzigartig. Gott hat dich ausschließlich für sich selbst geschaffen. Sein Geist hält für dich einen einzigartigen Reichtum an Gnade bereit, den nur er dir geben kann. Niemand von uns kann Gott nur mit seinen menschlichen Fähigkeiten dienen. Das »Fleisch« kann den Willen Gottes nicht tun. Es *kann* nur eines tun, nämlich alles verderben! Selbst Mose mußte 40 Jahre der Demütigung in der Wüste verbringen, um diese harte Wahrheit zu lernen; aber als er nach der Begegnung mit Gott zurückkehrte, trat er dem damaligen Machthaber Ägyptens gegenüber. Mose besaß nichts anderes als einen Stab in der Hand und das Wort Gottes in seinem Herzen. Und welch ein Erfolg! Selbst das Buch, das du jetzt liest, ist ein Ergebnis dieses Ereignisses!

Deshalb bitte Gott, dich mit solchen geistlichen Fähigkeiten auszurüsten, die du benötigst, um ihm wirksam dienen zu können (siehe Kapitel 3.3, wo ich die geistlichen Gaben genauer untersuche).

»Saufet euch nicht voll Wein . . . sondern werdet voll Geistes!« (Eph 5, 18).

Dieses äußerst wichtige Gebot ist es wert, sorgfältig untersucht zu werden. Wie kommt es, daß die Menschen stets nach Alkohol, Drogen und anderen Dingen greifen, um sich anzuregen? Es fehlt ihnen einfach die echte Anregung durch den Heiligen Geist. Die künstlichen Anregungsmittel dieser Welt verschlimmern unseren Zustand nur. Allein der Geist Gottes kann den Menschen anregen und befähigen, Gottes Willen zu tun, und gleichzeitig seine Kräfte erneuern und seinen Blick klar machen. Selbst in der christlichen Welt besteht ein großer Hang, auf Ersatzanregungsmittel zurückzugreifen, anstatt auf den Geist Gottes zu vertrauen. Die Leute verlassen sich lieber auf Geld, eine machtvolle Organisation, eine besondere Erfahrung oder einen bedeutenden Menschen als auf Gottes Geist. Aber alles läßt uns am Ende verzweifelt und verstört zurück. Nur auf Gott ist Verlaß.

Auch der Gläubige braucht ein Belebungsmittel. In Kriegszeiten bekommt der entkräftete Soldat oft einen Schluck Rum, der ihn stärken soll für die Aufgabe, die er aus eigener Kraft nicht vollbringen könnte. Der Christ wird mit einer Welt konfrontiert, die seinen Herrn gekreuzigt hat, und dafür braucht er übernatürlichen Mut und Freude – und tatsächlich gibt uns der Heilige Geist erstaunlichen Mut und überquellende Freude.

Der Schlüssel zum wahren Verständnis

Wir wollen diesen Vers näher betrachten. Die volle Bedeutung des Originaltextes wird in der Übersetzung meist nicht ganz klar herausgebracht. Das griechische Verb steht in der »andauernden Befehlsform«. Der Satz müßte eigentlich lauten: »*Werdet ständig erfüllt* mit dem Heiligen Geist!« Dies ist also eine fortlaufende, ununterbrochene Handlung, nicht eine einmalige, endgültige Erfahrung. Es gibt im Griechischen eine »einfache« oder »abgeschlossene Befehlsform«, aber Paulus gebraucht sie in diesem Zusammenhang nicht. Er benutzt bewußt die Verlaufsform des Verbs.

Dies ist sehr aufschlußreich. Der Heilige Geist offenbart uns dadurch eine wichtige Wahrheit über sich selbst. *Wir empfangen die Fülle des Heiligen Geistes nicht ein für allemal!* Es ist kein einmaliges, endgültiges Geschehen. Niemand kann an die Tür seines Herzens schreiben: »Habe schon alles!«

Die Wiedergeburt andererseits ist ein unwiderruflicher Akt Gottes. Wenn ich jetzt ein Kind Gottes geworden bin, so werde ich es in Ewigkeit sein. Ich kann nicht von heute auf morgen meine Eltern wechseln und übermorgen wieder ihr Kind sein. Danke Gott für die Gewißheit deiner Wiedergeburt! Das heutige Erfülltsein mit dem Heiligen Geist gewährleistet dagegen überhaupt nicht, daß ich auch morgen erfüllt sein werde. Wir können die Fülle des Geistes jederzeit verlieren. Aber wir können sie, Gott sei Dank, wieder zurückerhalten, wenn wir dann auch oft einen hohen Preis dafür bezahlen müssen.

Du bist keine Flasche!

Viele Menschen meinen, daß die Fülle des Geistes so zu erreichen sei, wie man eine Flasche mit Champagner füllt! Sie wird nach der Füllung sorgfältig verschlossen, und dann wird ein nettes Etikett aufgeklebt. Das kannst du auch bei dir tun, und dann für den Rest deines Lebens herumlaufen mit der Aufschrift: »Ich empfing ihn in dem und dem Jahr!« Aber was nutzt eine Flasche im Keller oder auf dem Tisch, wenn sie nicht geöffnet und geleert wird?

Nein, so kann man die Fülle des Heiligen Geistes nicht erlangen. Wir können Gott nicht besitzen, um ihn einfach für uns selbst zu behalten. Salomo hatte recht, als er sagte, daß der Himmel und aller Himmel Himmel Gott nicht erfassen können (2 Chr 6, 18; siehe auch Jes 40, 12–28). Wieviel weniger vermag das ein menschliches Wesen. Wir können die Fülle Gottes nur soweit erfahren, wie wir seinem Geist erlauben, durch uns hindurchzufließen. Die menschliche Seele ist keine Flasche! Sie gleicht eher einem Schlauch oder einem Stromkabel oder noch besser einem Sturzbach oder einem Fluß. Ein Fluß empfängt ständig Wasser aus Gebirgsquellen und gibt es unaufhörlich an das Tal darunter ab. Genauso können wir nur mit dem Geist Gottes erfüllt werden, wenn wir seine Fülle in jedem Augenblick von oben empfangen und sie an die Welt um uns herum weitergeben. Gott möchte, daß wir ein Fluß sind und kein Teich! Ein Kanal, keine Flasche!

Die wahre Bedeutung der Geistesfülle

Die Fülle des Geistes empfangen wir nicht zu unserer persönlichen Befriedigung. Sie wird uns gegeben, *damit wir den Willen Gottes tun können.* Der Mensch wird erst dann Zufriedenheit finden, wenn er den Willen Gottes tut. Wenn Gott einen Menschen findet, der ihn so liebt, daß er allein für ihn leben will, dann öffnet er sich ihm und macht ihn zum Kanal seiner Liebe. Alle Kraft, Intelligenz und die Güte Gottes stehen einem solchen Menschen zur Verfügung, damit er Gottes Willen tun kann – und der besteht darin, *Christus der Welt zu offenbaren.*

Ein Baum, der ja den Gesetzen der Schöpfung unterliegt, ist eine Bereicherung für die Erde und erfreut den menschlichen Geist durch seine Schönheit. Genauso findet der Mensch eine tiefe Befriedigung, wenn er Gottes Gesetz befolgt. Jesus nennt einen solchen Menschen »das Licht der Welt« und »das Salz der Erde« (Mt 5, 13–14). Einen anderen Menschen zu Gott zu führen, ist die größte Freude, die ein Kind Gottes erfahren kann. Gott selber wird zur Befriedigung eines solchen Menschen. Gott ist Liebe, und die Bibel sagt, daß der Mensch nach dem Bilde Gottes geschaffen wurde. Somit ist der

Höhepunkt menschlicher Erfahrung erreicht, wenn er liebt, d. h., wenn der Geist Gottes beginnt, durch ihn hindurch zu lieben. Ohne Gott bleibt das Herz des Menschen leer. Und die Sehnsucht seines leeren Herzens treibt ihn ziellos umher auf der Suche nach einem Lebenssinn. Aber wenn Gott diese Leere ausfüllt, entdeckt der Mensch den wahren Grund seines Lebens in ihm, der die Quelle des Lebens ist. Sein Leben hat einen Sinn bekommen. Der Heilige Geist verwandelt seine Persönlichkeit und gibt ihm eine völlig neue Ausstrahlung. Er fängt an zu lieben.

Wozu diese beiden Seen?

Das Heilige Land selbst bietet uns ein anschauliches Beispiel des Prinzips geistlicher Fülle. Israel besitzt zwei große Seen: den See Genezareth und das Tote Meer. Diese Seen versinnbildlichen eine eindrucksvolle geistliche Wahrheit. Beide werden von demselben Wasser gespeist, das vom Hermon herabfließt, dem höchsten Berg des Landes, und dennoch sind sie so verschieden wie Leben und Tod.

Der See Genezareth, der dem schneebedeckten Hermon sehr nahe liegt, empfängt das Wasser direkt von der Quelle und gibt alles wieder ab, was er empfängt. Dieses lebendige Wasser strömt unaufhörlich durch den See und fließt weiter das tiefere Jordantal hinunter. Dieses Wasser ist frisch, voller Fische und ermöglicht eine reiche Vegetation entlang seinem Ufer.

Das Tote Meer dagegen empfängt dasselbe Wasser, allerdings nicht direkt von der Quelle, sondern »aus zweiter Hand«: durch den See Genezareth. Das Tote Meer gibt nichts weiter von dem, was es empfängt. Es befindet sich in einer tiefen Senke auf einem so tiefen Niveau – 300 Meter unter dem Meeresspiegel –, daß dort eine erdrückende Hitze herrscht. Alles empfangene Wasser verdampft. Was übrig bleibt, ist Bitterkeit, die von Jahr zu Jahr zunimmt und die das Leben im Meer und an seinen Ufern unmöglich macht. Alles ist vertrocknet, unfruchtbar, salzverkrustet, eine Wüste. Man sagt, daß selbst ein Vogel, der über dieses Meer fliegt, erstickt herunterfällt. Ein einziger Tropfen dieses Wassers brennt im Auge wie Säure.

Die Deutung dieses Gleichnisses

Laßt uns jetzt die Wahrheit lernen, die Gottes Finger in die Landschaft des Heiligen Landes geschrieben hat.

Der geistliche Gläubige ist wie der See Genezareth. Er lebt in der Nähe Gottes, nahe der Quelle seines Lebens. Er wird ständig belebt durch einen endlosen Strom göttlichen Lebens, der ihn durchströmt. Da er jederzeit Gott und den Menschen gegenüber offen ist, füllt ihn der Geist Gottes und erneuert ständig das Leben in ihm und um ihn herum.

Der fleischliche Gläubige ist wie das Tote Meer. Er ist weit von der Quelle entfernt, in seinem geistlichen Leben ist er von anderen Christen abhängig, anstatt seine Kraftquelle in der direkten und tiefen Gemeinschaft mit Gott zu suchen. Tatsächlich empfängt er den Geist Gottes in Hülle und Fülle, aber er ist unfähig, diesen Reichtum weiterzuverwenden. Er lebt auf solch einem niedrigen geistlichen Niveau, daß die Fülle, sobald er sie empfängt, »verdampft«. Er ist ständig enttäuscht. Der fleischliche Christ erfährt eine Bitterkeit, die von Jahr zu Jahr zunimmt. Er ist unfähig, geistliches Leben zu fördern und an seine Umgebung weiterzugeben. Gott sei Dank, daß die Wasser des Toten Meeres eines Tages geheilt werden (Hes 47, 8–9). Es gibt also auch hier Hoffnung für den fleischlichen Gläubigen – aber nur, wenn er Gott erlaubt einzugreifen.

Gott möchte, daß die Fülle des Geistes der Normalzustand eines jeden Jüngers Jesu Christi wird. Es ist tragisch, was wir um uns herum erblicken! Wir müssen leider zugeben, daß es erschreckend viele unnormale Christen auf dieser Erde gibt. Sicherlich willst du ihre Zahl nicht noch weiter erhöhen. Sei ab heute ständig erfüllt vom Geist Gottes!

Bist du ein See Genezareth oder ein Totes Meer?

2. Teil
Die drei geistlichen Grundregeln

Vorwort

Die sieben Säulen der Weisheit

»Einen andern Grund kann niemand legen außer dem, der gelegt ist, welcher ist Jesus Christus.«
»Ein jeglicher aber sehe zu, wie er darauf baue« (1 Kor 3, 11.10b).

Gottes Weisheit lehrt uns, das Haus unseres geistlichen Lebens zu bauen. Das Fundament wurde gelegt, als du von neuem geboren wurdest. Seitdem wird an deinem Tempel gebaut. Wenn er nach den Grundregeln der göttlichen Weisheit gebaut wird, kann er jedem Wind und Wetter trotzen (Mt 7, 25).

Es steht dem Christen frei, auf dem Grundstein seines Glaubens entweder mit vergänglichen Materialien wie Holz, Heu oder Stoppeln weiterzubauen, die weder dem Feuer noch dem Sturm widerstehen – oder mit beständigen Materialien wie Gold, Silber und edlen Steinen, die nichts zerstören kann (1 Kor 3, 12–15). Bei der Wiederkunft Christi, wenn wir Gott von Angesicht zu Angesicht gegenüberstehen, wird das Gebäude entweder standhalten oder zusammenbrechen. Der Grundstein besteht fort, der Glaube an Christus wird nicht von uns genommen. Aber das Gebäude, das wir darauf errichtet haben, kann mit einem Male in Flammen aufgehen. In diesem Fall werden wir zwar nicht unsere Erlösung verlieren, wohl aber unsere Belohnung (1 Kor 3, 15).

»Die Weisheit hat ihr Haus gebaut: Es steht auf sieben Säulen« (Spr 9, 1).

Welches sind nun die sieben Säulen der Weisheit, auf denen der Tempel Gottes ruht? Als ich als junger Mann Sprüche 9, 1 las, war ich von dieser Bibelstelle sehr beeindruckt. Ich war überzeugt davon, daß es sieben Grundregeln geben müsse, sieben grundlegende Wahrheiten, auf denen Gott unser geistliches Leben zu einer felsenfesten Wirklichkeit formt. Ich brauchte viele Jahre, um die sieben Wahrheiten zu erfahren, die ich in den nachfolgenden Kapiteln darlegen werde.

Drei Grundregeln und vier Disziplinen

Beim Durchlesen der Bibel Jahr für Jahr entdeckte ich immer wieder drei geistliche Grundregeln, ohne die es kein Leben der Fülle gibt. Ich fand außerdem vier Disziplinen oder Verhaltensweisen, in denen wir uns üben müssen, um dieses neue Leben zu nähren und zu stärken. Im folgenden werden wir zuerst die drei Grundregeln untersuchen, danach die vier Disziplinen.

Vielleicht denkst du, daß ich die Dinge zu sehr kompliziere. Nicht im geringsten! So wie die sieben Farben des Regenbogens in ein einziges weißes Licht verschmelzen, so formen auch alle diese geistlichen Faktoren die einzige Bedingung, unter der wir Gottes Gnade erlangen: Glaube – den Glauben an Jesus Christus. Der Glaube ist die einzige Bedingung für unsere Erlösung. Im Neuen Testament nehmen etwa 150 Textstellen klar Bezug auf diese Tatsache. Wie oft pflegte doch Jesus zu sagen. »Dir geschehe nach deinem Glauben!«

Der Apostel Paulus besteht in seinen Briefen darauf: Wenn wir im Glauben begonnen haben, so müssen wir auch im Glauben weitergehen. Wir können aus eigener Kraft nicht zur Vollkommenheit gelangen. Es ist Gott, der dieses Werk beginnt, und es ist Gott, der es vollendet.

Nur der Geist Gottes kann uns ewiges Leben geben. Nur er kann dieses Leben weiterentwickeln. Das Leben in Christus beruht auf einem einzigen Geheimnis: dem Glauben an Christus. Wenn ich in den folgenden Kapiteln die sieben Säulen genauer erkläre, so will ich dabei etwas Wichtiges zeigen: Wir müssen Christus in allen Dingen absolut vertrauen. Wir sollen Christus nicht erst für die kommende Welt, sondern schon hier und jetzt auf dieser Erde in allen Problemen vertrauen.

Es gibt drei »Stationen« der Erlösung: Vergangenheit, Gegenwart und Zukunft. Die Bibel bezeugt, daß der Glaube der einzige Schlüssel zu allen drei Stationen ist. Durch den Glauben an Christus wurdest du von der *Bestrafung* deiner Sünden erlöst. Durch den Glauben wirst du täglich vor der *Macht* der Sünde bewahrt. Durch den Glauben wirst du schließlich bei seiner Wiederkunft von der *Wurzel* der Sünde befreit.

Die Bibel offenbart jedoch, daß es *zwei Hindernisse* für den Glauben gibt: ein schlechtes Gewissen und ein böser Wille. Wir werden diese beiden Probleme genauer untersuchen.

Die Grundlage unserer Betrachtungen

Wenn du bei einem berühmten Professor studierst, erwartet er von dir, daß du dir eine Ausgabe des Buches oder der Bücher, die er geschrieben hat, besorgst und sie sorgfältig durcharbeitest. Wir Christen haben einen göttlichen »Professor«; unser Lehrer ist der Geist der Wahrheit, und er hat ein verständliches Handbuch geschrieben: die Bibel! Es ist ziemlich töricht, anzunehmen, daß wir aus seinem Unterricht etwas lernen, wenn wir nicht bereit sind, sein *geschriebenes* Werk eingehend zu studieren.

Die vier biblischen Gebote, die den Heiligen Geist betreffen

In der Bibel gibt uns der Heilige Geist Aufschluß über seine Person. Er gibt uns *vier Gebote,* die sich auf ihn persönlich beziehen. Diese vier Gebote sind die Bedingungen für die Beziehung, die er mit uns aufbauen möchte. Es ist deshalb für uns äußerst wichtig, den Sinn dieser vier Gebote zu verstehen und nach ihnen zu leben. Wir haben das erste Gebot bereits in den vorhergehenden Kapiteln studiert. Ich will es das *allgemeine* Gebot nennen: Werdet ständig mit dem Geist erfüllt! Aber dies zeigt uns noch nicht, *wie wir* ständig erfüllt werden können.

Die drei geistlichen Grundregeln

Die drei anderen Gebote beantworten diese Frage, daher nenne ich sie die drei *besonderen* Gebote. Sie sind die drei Grundregeln des geistlichen Lebens, die drei Voraussetzungen für die Fülle des Heiligen Geistes. Sie tauchen in der Bibel immer wieder auf (z. B. 1 Tim 1, 5; Hebr 10, 22; auch in den Opfergaben in 3 Mose 1–5). Zwei dieser Gebote sind negativ formuliert und betreffen unser Bewußtsein und unseren Willen. Das dritte Gebot ist positiv formuliert und betrifft unseren Glauben.

Wenn wir die Bedeutung dieser drei Gebote oder Grundregeln verstehen und sie mit Gottes Hilfe praktizieren, so können wir sicher sein, daß Gott uns mit dem Heiligen Geist füllen wird. In den drei folgenden Kapiteln werden diese *drei Grundregeln* behandelt, von denen die Fülle des Geistes abhängig ist.

Danach werden wir uns mit den sogenannten *vier Disziplinen* befassen, durch die die drei geistlichen Grundregeln gestützt und verstärkt werden. (Bitte verwechsele die vier Disziplinen nicht mit den vier Geboten, die den Heiligen Geist betreffen!) Gottes Weisheit kann auf der Grundlage dieser sieben, von ihm erdachten Säulen dein geistliches Leben zu einem Gebäude von unvergänglichem Wert bauen. Ich habe keine anderen geistlichen Faktoren von vergleichbarer Bedeutung gefunden.

2.1 Das Problem deines Gewissens

Die erste geistliche Grundregel: »*Betrübet nicht den Heiligen Geist Gottes*« (Eph 4, 30).

Was tust du, wenn du dich trotz deiner Wiedergeburt dabei ertappst, daß du etwas falsch gemacht hast?

Die Schrift lehrt uns, daß uns nichts von der Liebe Gottes trennen kann (Röm 8, 31–39).

Unser Gewissen scheint uns aber genau das Gegenteil zu sagen. Wenn wir Gott nicht gehorsam gewesen sind, merken wir, daß er das nicht gutheißt. Wir wagen es nicht mehr, ihm ins Gesicht zu schauen. Wir fühlen uns dann nicht mehr fähig zu beten oder anderen von ihm zu erzählen. Mit anderen Worten, wir haben ein schlechtes Gewissen.

Wir befinden uns in einer beängstigenden Lage. Einerseits sagt uns die Bibel, daß Gott unsere Sünden bereits vergeben und ausgelöscht hat. Er sieht uns als gerecht an, so wie Christus gerecht ist. Andererseits fühlen wir uns wirklich schuldig. Was sollen wir tun?

Die Antwort liegt auf der Hand: *Wir müssen Buße tun.* Aber was kommt danach? Müssen wir Gottes Vergebung ganz neu empfangen?

Unser Verkläger und unser Fürsprecher

Die Heilige Schrift offenbart uns, daß wir im Himmel sowohl einen Verkläger als auch einen Anwalt haben. Laut Offenbarung 12, 10 ist der Teufel der *Verkläger* der Brüder, der sie Tag und Nacht vor Gott verklagt. In 1. Johannes 2, 1 lesen wir: »Solches schreibe ich euch, auf daß ihr nicht sündigt. Und ob jemand sündigt, so haben wir einen *Fürsprecher* bei dem Vater, Jesus Christus, der gerecht ist.«

Wenn du sündigst, verklagt dich nicht der Herr Jesus. Es ist der Teufel. Er setzt dein Gewissen unter Druck, das natürlich das Böse erkennt, das du begangen hast. Satan will dir weismachen, daß Gott dich verdammt und daß er die Tür vor dir verschlossen hat. Sein ganzes Streben zielt darauf ab, das Bild Gottes in deinem Herzen zu entstellen, damit du den Wert des Blutes Christi vergißt. Du sollst nicht erkennen, daß Gott dich mit sich selbst im gekreuzigten Christus versöhnt hat. Der Teufel will, daß du Gott als Feind ansiehst, der etwas gegen dich hat, der dich zurückstößt, dich nicht mehr liebt. Es gibt nichts Schwierigeres, als an die Liebe Gottes zu glauben. Wenn es dem Teufel gelingt, dich in dieser Gewißheit zu verunsichern, kann er dich ohne weiteres in Entmutigung und Verzweiflung stürzen. Auf diese Weise versucht der Verkläger dich zu überwältigen.

Er wäre absolut im Recht, wenn Jesus nicht gerade für diese Sünde gestorben und auferstanden wäre, um deinen Freispruch zu bestätigen. Satan verfügt mit Gottes Gerechtigkeit und Gesetz über eine fürchterliche Waffe gegen dich. Aber jetzt ist das ein falsches Argument geworden, da Gottes Gerechtigkeit und Gesetz bereits erfüllt sind. Du kannst dir die ganze Sache so vorstellen: Der Teufel steht zur Linken Gottes und verklagt dich. Dein Gewissen fühlt das ganze Gewicht seiner Anklage, aber der Teufel versucht dir weiszumachen, daß Gottes Gerechtigkeit dich verurteilt. Deshalb fühlst du dich so erdrückt. Aber schau noch mal hin! Zur Rechten Gottes hast du einen Anwalt für deine Verteidigung, der für alle deine Fehltritte an deiner Stelle antwortet. Jesus klagt dich nicht an! Er spricht zu deinen Gunsten, er betet und bittet für dich, denn er hat dich mit seinem Blut teuer erworben. Das ist das Thema des wunderbaren Briefes an die Hebräer (wie du in folgenden Textstellen entdecken wirst: Hebr 2, 17–18; 4, 14–16; 7, 11–15.24–28; 9, 11–15.24; 10, 10–14.19–22). Der Vater schaut auf die durchstochenen Hände des Sohnes. Vor seinem Angesicht befindet sich das ewig gültige Argument seines wertvollen Blutes, das für dich vergossen wurde und das dem Verkläger den Mund verschließt. Auf die Anklage des Teufels antwortet Jesus: »Die Gerechtigkeit des Gesetzes Gottes ist vollkommen erfüllt, denn diese Sünde ist bereits ausgelöscht. Das Kreuz ist ein vollendetes Werk. Ich habe persönlich für dieses Vergehen bezahlt. Ich habe bereits die Hölle erlitten, die dieser Mensch verdient hat. Er ist freigesprochen.« Die Narben auf den Händen Jesu und das Blut, das er vergoß, sind das ewig gültige Zeugnis, daß dein Fall abgeschlossen ist. Die Akten sind bereits abgelegt. Es bleibt nichts mehr darüber zu sagen.

Satan ist stark und listig. Wenn du seiner Anklage zuhörst, wirst du in einen Zustand ständiger Entmutigung geraten. Dein Gewissen wird dich ständig quälen. Schließlich wirst du sogar vergessen, was Christus für dich getan hat. Wenn du jedoch auf die Stimme deines Fürsprechers hörst, wirst du jedesmal diese wunderbaren Worte vernehmen: »Es ist dir vergeben. Deine Sünde ist ausgelöscht.« Das ist das Wunder der Gnade Gottes. Das Werk Jesu am Kreuz soll dich nicht nur vor einer zukünftigen Hölle retten. Es soll dich auch heute vor dem Verkläger bewahren. Dir ist vergeben.

Zu einfach?

Du wirst mir sicher sagen: »All das ist ja ganz schön, aber doch viel zu einfach! Glaubst du wirklich, daß ich gegen Gott sündigen kann und meine Sünde dann automatisch ausgelöscht wird? Mein Gewissen läßt mich nicht an eine so einfache Lösung glauben!«

Du hast recht, die Lösung ist nicht so einfach. Denk einmal daran, wie schwierig sie für Gott war. Dein geringster Fehltritt kostete Gott die Qual und den Tod seines Sohnes. Das Blut Jesu war alles andere als eine »einfache Lösung«. Aber Gott möchte, daß du an den unbegrenzten Wert dieses einzigartigen Opfers glaubst. Jesus selbst schrie am Kreuz: »Es ist vollbracht!« (Joh 19, 30). Nicht auf seine Vergebung zu vertrauen ist einfach Unglaube. Der Teufel möchte dir diese Gewißheit stehlen, um dich wieder in Angst zu versetzen. Wenn ihm dies gelingt, lähmt er dein geistliches Leben und macht deinen Glauben saft- und kraftlos.

»Ist Gott für uns, wer mag wider uns sein? ... Wer will die Auserwählten Gottes beschuldigen? (Glaubst du, daß Gott es tun würde?) Gott ist hier, der da gerecht macht. Wer will verdammen? (Etwa Christus?) Christus ist hier, der gestorben ist, ja vielmehr, der auch auferweckt ist, welcher ist zur Rechten Gottes und *vertritt* uns ... Wer will uns scheiden von der Liebe Gottes ... die in Christus Jesus ist ...?« (Röm 8, 31–39).

Zu einfach? Tatsache ist: Es gibt *keinen anderen Weg,* um Gottes Vergebung zu erlangen. Danke Gott dafür und nimm die Vergebung an.

Wird dir die Vollkommenheit des Werkes klar, das Gott für dich getan hat? Hast du wirklich den Wert des Blutes Christi verstanden? Gott ruft uns auf, vor ihn zu treten, *denn Jesus ist unser Hoherpriester, unser Verteidi-*

ger und nicht unser Feind (Hebr 10, 19–22). Aber ist das wirklich alles, was wir wissen müssen, um unsere Gemeinschaft mit Gott wiederzufinden?

Die zwei Aspekte der Vergebung Gottes

Es gibt eine Bedingung für die Befreiung unseres Gewissens. Das Neue Testament zeigt uns sehr deutlich, daß die einzige Grundlage für die Vergebung Gottes das Blut Jesu ist; aber es gibt zwei Aspekte dieser Vergebung.

Gottes richterliche Vergebung

Vor meiner Wiedergeburt war Gott mein Richter, und ich war der Mörder seines Sohnes, verfolgt von seinem Gesetz. Aber an jenem Tage vergab mir Gott als Richter alle meine Sünde der Vergangenheit, Gegenwart und Zukunft. Seit diesem Moment sieht Gott meine Sünde nicht mehr. In seinen Augen bin ich so gerecht, wie Jesus gerecht ist. Meine Sünden rechnet er Jesus zu, und Jesu Tod sieht er als meinen Tod an. Das Problem der Sünde ist gelöst: Sein Tod löscht meine Sünde aus. Die Gerechtigkeit Jesu ist jetzt meine Gerechtigkeit. Mein Herz gehört jetzt Jesus, und seine Auferstehung ist zu meinem neuen Leben geworden. Durch diesen Akt Gottes, den Paulus in Römer 6, 3–4 als geistliche Taufe beschreibt (von der die Wassertaufe das Abbild oder Symbol ist), bin ich mit Jesus Christus eins geworden in seinem Tod und in seiner Auferstehung. Da er mich jetzt für tot und mit Christus begraben hält, kann er mir schließlich vergeben. Das konnte er vorher nicht tun. Dank seiner Vergebung kann ich jetzt sein Leben der Auferstehung empfangen. Das neue Leben wird mir in dem Moment gegeben, in dem ich den Heiligen Geist empfange (Hes 37, 10.14). Daher ist die Wiedergeburt das direkte Ergebnis von Gottes richterlicher Vergebung, und diese Vergebung ist endgültig (Hebr 10, 17.18)! Es ist schon eine gute Sache, daß unsere Erlösung von einem Akt Gottes abhängt und nicht von uns.

Die väterliche Vergebung Gottes

Vom Zeitpunkt meiner Wiedergeburt an ist Gott nicht mehr mein Richter. Er ist jetzt mein Vater. In seinen Augen bin ich kein Verbrecher mehr. Ich bin nun sein Kind. Ich nenne ihn Vater oder »Papa« (»Abba«, Röm 8, 15). Wenn ich mir bewußt werde, daß ich gesündigt habe, so habe ich mit ihm nicht mehr vor Gericht zu tun, denn ich bin sein Kind. Gott sieht meine Sünde nicht mehr als Richter; aber mein Gewissen sieht sie sehr gut und quält mich damit. Eine große, schwarze Wolke trennt mich von dem Licht seiner Gegenwart. Zwar bin ich noch sein Kind, und er ist noch mein Vater, aber ich kann sein Gesicht nicht mehr anschauen. Ich habe nicht meine Erlösung verloren, aber meine Vertrautheit oder Gemeinschaft mit ihm.

Um diese Wahrheit deutlich zu machen, erzählte Jesus die Geschichte des verlorenen Sohnes (Lk 15, 11 ff.). Der Sohn war zwar immer noch der Sohn seines Vaters, aber er rebellierte gegen ihn. Der Sohn lebte weit weg von zu Hause und führte ein elendes Leben bei den Schweinen. Er fürchtete sich, zu seinem Vater zurückzukehren. Es besteht kein Zweifel, daß er eine falsche Vorstellung von dem Charakter seines Vaters hatte. Er glaubte sicherlich, daß sein Vater ihn voller Wut mit der Peitsche und mit zähnefletschenden Hunden empfangen würde. Aber das genaue Gegenteil geschah. Denn als er schließlich reuevoll zurückkehrte, erwartete ihn sein Vater bereits sehnsüchtig. Er umarmte und küßte seinen Sohn und nahm ihn wieder in seine Familie auf. Der Vater beschenkte ihn sogar mit seinen besten Gütern.

Jesus lehrt mich, daß ich nach jedem Fehler zu meinem himmlischen Vater *zurückkehren* und ihm offen und ehrlich meine Sünde bekennen soll. Der Satan wird alles unternehmen, um mich daran zu hindern. Er wird versuchen, mir einzureden, daß mein Vater mich aus seiner Nähe vertreiben wird und daß es ihm lieber sei, wenn ich weit, weit weg bei den Schweinen bliebe. Solange ich nicht an Gottes Vergebung glaube, hält mich Satan in einem Zustand der geistlichen Depression und Schwäche. *Der Heilige Geist ist betrübt und hört auf, mich zu erfüllen,* solange mein Gewissen beschmutzt ist. Das ist das Ziel des Teufels.

Um Gottes richterliche Vergebung zu erlangen, gibt es, wie wir gesagt haben, nur eine Möglichkeit. Diese Möglichkeit wird im Neuen Testament mehr als hundertmal erwähnt, z. B. in Apostelgeschichte 16, 31: »Glaube an den Herrn Jesus, so wirst du gerettet werden« (Schlachter).

Genauso gibt es nur einen Weg, die väterliche Vergebung Gottes zu erlangen. Wenn wir unsere Sünden *bekennen,* so ist Gott »treu und gerecht, so daß er uns die Sünden vergibt und uns von aller Ungerechtigkeit reinigt« (1 Joh 1, 9; Zürcher). Beachte, daß diese Textstelle, wie der ganze Brief des Johannes, an Gläubige gerichtet ist.

So wie wir Gottes richterliche Vergebung durch den Glauben an Christus erlangen, so erlangen wir auch seine väterliche Vergebung durch den Glauben an seinen Sohn. Die Grundlage dazu ist das Opfer Christi, das ein für allemal für uns dargebracht wurde (Hebr 9, 12. 26; 10, 10.12.14.18). Was Gott jetzt von uns fordert, ist vollkommene Aufrichtigkeit und Ehrlichkeit. Er verlangt ein offenes Bekenntnis. Er besteht darauf, daß wir unsere

Sünden zugeben. Gott duldet nicht unsere Versuche, uns zu rechtfertigen oder zu entschuldigen. Wir müssen die Sünde bei ihrem wahren Namen nennen. Im selben Augenblick erhalten wir Gottes väterliche Vergebung. Seine richterliche Vergebung haben wir bereits, aber jetzt verzeiht er uns auch als Vater. Und dies immer und für ewig aus demselben Grund. Das Blut seines Sohnes ist für unsere Sünde vergossen worden. Er ist »treu« im Vergeben (denn er hat es versprochen), und er ist »gerecht« im Vergeben (denn Christus ist gestorben und auferstanden). Der Vater verzeiht uns also und *reinigt uns* von aller Sünde – wenn wir sie bekennen.

Die einzige Bedingung, die Vergebung unseres himmlischen Vaters zu erlangen, ist das Bekenntnis der betreffenden Sünde. Wir können keine Sühne tun, um sie wiedergutzumachen. Das wird von uns auch nicht erwartet, denn Christus hat dies bereits für uns getan. Er fordert uns nur auf, daß wir uns so vor ihn stellen, wie wir sind, so wie der Aussätzige in Matthäus 8, 2, den Jesus sofort heilte. Gott ist Licht (1 Joh 1, 5). Im Licht seines Angesichtes wird jede Unvollkommenheit sofort offenbar. »Wenn wir aber im Licht wandeln, wie er im Licht ist, so haben wir Gemeinschaft untereinander, und das Blut Jesu Christi, seines Sohnes, macht uns rein von aller Sünde« (1 Joh 1, 7).

Auf mein Bekenntnis antwortet Gott: »Mein Kind, diese Sache ist schon vor 2000 Jahren durch meinen Sohn am Kreuz erledigt worden. Darüber brauchen wir nicht mehr zu reden.« Er blättert die Seite meiner Lebensgeschichte um und kommt nie mehr darauf zu sprechen. Trotzdem stellt er mich wieder vor das Kreuz. Es ist ein leeres Kreuz. Ich höre die Stimme meines Vaters sagen: »Mein Kind, denke an das Blut meines Sohnes! Das ist der Preis für deine Erlösung und der Grund, warum du wieder Gemeinschaft mit mir hast.«

Durch diesen Weg der Buße, den Jesus ermöglicht hat,

kann ich nach jedem Fehltritt wieder gereinigt aufstehen. Gleichzeitig wächst auch mein Ekel vor der Sünde. Mehr als jemals zuvor begreife ich Gottes Liebe für mich, seine unglaubliche Güte, seine großzügige Vergebung dem elenden Sünder gegenüber und das erschreckende Wesen der Sünde.

Vielleicht wirst du nun sagen: »Trotzdem habe ich das Bedürfnis, bitter über meine Sünde zu weinen.« Weine, soviel du vermagst! Aber weine im Hause deines Vaters, in seinen Armen, an seiner Brust – nicht in einem fernen Land bei den Schweinen.

Aber wem soll ich meine Sünde bekennen?

Die Bibel gibt uns drei Antworten. Sie lehrt uns, daß jede Sünde vor Gott bekannt werden soll, weil jede Sünde eine Übertretung seines Gesetzes ist. Deshalb konnte der Apostel Paulus sagen: »Ich bin mit allem guten Gewissen gewandelt vor Gott bis auf diesen Tag« (Apg 23, 1). Er meinte damit, daß er wohl seit seiner Bekehrung sündigte, aber daß er immer die Sünde, die Gott ihm zeigte, bekannte. Er hat jedesmal sein Konto mit Gott ins reine gebracht.

Wenn jedoch meine Sünde auch meinen Nächsten betrifft, wenn ich meinem Bruder ein Unrecht zugefügt habe, so reicht es nicht aus, wenn ich diese Sünde Gott allein gestehe. Es versteht sich von selbst, daß ich es Gott zuerst sage. Er wird mir antworten: »Mein Kind, ich bin nicht der einzige, der von dieser Sache betroffen ist. Du hast auch gegen deinen Bruder gesündigt. Geh zu ihm hin und gestehe ihm diese Sünde. Dann komme zu mir, und ich werde dir verzeihen. Wenn dir dein Bruder vergibt, um so besser. Vergibt er dir nicht, dann hast du wenigstens dein Gewissen gereinigt. Du mußt nicht nur mir gegenüber, sondern auch den Menschen gegenüber ehrlich sein.«

Wenn du eine Sünde begangen hast, die öffentlich bekannt ist und den Namen Jesu in den Schmutz zieht, dann erwartet Gott von dir auch ein öffentliches Schuldbekenntnis. Auch hier besteht er darauf, daß ich ehrlich bin, daß ich die Wahrheit anerkenne und im Licht wandle. Gott verlangt, daß der Name seines Sohnes geehrt wird.

Höre noch einmal auf Paulus: »Darum übe ich mich«, sagt er, »allezeit ein unverletztes Gewissen zu haben gegenüber Gott und den Menschen« (Apg 24, 16; Zürcher).

Manchmal müssen wir einen Seelsorger oder einen Freund im Glauben um Rat fragen und ihm unser Herz ausschütten. Es gibt Lasten, die wir einfach nicht allein tragen können. Aber wir sollten dabei vorsichtig sein und berücksichtigen, daß die Person, die wir befragen, auch nur ein Mensch und Sünder ist und unsere Gebete braucht. Wir haben kein Recht, aus ihm einen »geistlichen Müllschlucker« zu machen.

»Betrübet nicht den Heiligen Geist Gottes« (Eph 4, 30)

Dies ist das erste der drei besonderen Gebote, die den Heiligen Geist betreffen. Es ist die erste Bedingung, um in seiner Fülle zu leben. Was betrübt ihn? Unsere Sünde natürlich! Ihn zu betrüben ist schlimmer, als zu sündigen. *Wir verharren in der Sünde.* Wir behalten ein schlechtes Gewissen. Dies ist sehr ernst zu nehmen, denn wenn wir den Heiligen Geist betrüben, hört er auf, uns zu erfüllen. Der Heilige Geist läßt uns nun mit unserer eigenen Kraft weiterkämpfen. Durch bittere Erfahrungen lernen wir, daß wir es uns nicht leisten können, die Stimme des Heiligen Geistes zu vernachlässigen, denn Gottes Name ist in ihm. Er wurde uns ja gerade geschickt, um uns in den verheißenen Segen zu führen (2 Mose 23, 20–22).

Wenn wir ihn betrüben, so bleibt er zwar noch in uns, aber anstatt unser Haus ganz zu erfüllen, zieht er sich auf den Speicher oder in den Keller zurück.

Es ist gefährlich, Gottes Geist zu betrüben. Wir lesen in Jesaja 63, 10, daß Israel in der Wüste den Heiligen Geist betrübte. Unweigerlich wurde er ihr Feind und kämpfte sogar gegen sie! Zwar war er immer noch mitten im Lager – die Herrlichkeit Gottes war noch im Heiligtum –, aber der Heilige Geist weigerte sich, sie auch nur einen Schritt weiter voranzuführen. Sie verloren 38 wertvolle Jahre und zogen hoffnungslos in der Wüste umher.

Aber in demselben Augenblick, in dem ich meine Sünden gestehe, ist der Heilige Geist nicht mehr betrübt, und er beginnt mich wieder zu füllen. Ich habe erneut Gemeinschaft mit meinem Vater. Es ist ihm gleich, wie sehr ich über meine Sünde weine, solange ich in seinen Armen bin und nicht im fernen Land bei den Schweinen.

Die erste Bedingung für die Fülle des Geistes kann deshalb in einem einzigen Wort zusammengefaßt werden: *Buße*. Aber Buße heißt nicht bloß traurig sein. Der verlorene Sohn war in der Tat sehr traurig bei den Schweinen, aber das half ihm gar nichts! Er mußte die Wahrheit zugeben und seine Sünden dem Vater bekennen, den er verletzt hatte. Wahre Buße drückt sich immer in einem Schuldbekenntnis aus, sonst ist sie wertlos wie bei Esau, der trotz seiner Tränen verworfen wurde (Hebr 12, 17). In Sprüche 28, 13 heißt es: »*Wer seine Sünde leugnet, dem wird's nicht gelingen; wer sie aber bekennt und läßt, der wird Barmherzigkeit erlangen.*«

2.2 Das Problem deines Willens

Die zweite geistliche Grundregel: »*Den Geist löscht nicht aus*« (1 Thess 5, 19; Elberfelder).

Das zweite Problem des Glaubens ist *ein böser Wille*. Täglich müssen wir unser Gewissen und auch unseren Willen untersuchen, um ständig mit Gott im reinen zu sein. Sonst wird unser Glaube schwächer.

Dieses zweite besondere Gebot, das den Heiligen Geist betrifft, hat mit unserem *Willen* zu tun. Den Geist auszulöschen bedeutet, ihm zu *widerstehen*. Wenn man eine Flamme bedeckt, verlischt sie. Die Glut ist vielleicht noch da, aber sie lodert nicht mehr.

Ungehorsam löscht den Geist aus

Nachdem Israel Gott in der Wüste zehnmal versucht hatte, war der Punkt erreicht, wo der Heilige Geist nicht nur bekümmert, sondern sogar ausgelöscht wurde (4 Mose 14, 20–23). Während der 38 langen Jahre, die folgten, war er zwar im Lager, doch blieb er stumm. Obwohl der Heilige Geist den Kindern Israel vor ihrem Aufstand durch Mose eine Offenbarung nach der anderen gegeben hatte, hörte er danach fast ganz auf, zu ihnen zu sprechen. Es war eine Zeit schmerzvoller Unfruchtbarkeit. Israel verweigerte bewußt den Gehorsam. Daraufhin nahm sie der Geist Gottes beim Wort und ließ sie allein. Es ist eine fürchterliche Bestrafung, wenn der Heilige Geist uns nicht mehr beunruhigt oder antreibt, wenn er uns nicht mehr den Himmel der Gemeinschaft mit dem Vater öffnet.

Dies kann einem einzelnen, aber auch ganzen Kirchen, Gemeinden und geistlichen Bewegungen passieren. Die Geschichte der Christenheit ist voll von tragischen Beispielen dieser Art. Gottes Geist ist sehr geduldig und sehr mitfühlend. Er tut sein Äußerstes, um uns zum Gehorsam zu bringen, aber er zwingt uns nicht zu gehorchen. Er achtet unsere Persönlichkeit und unseren Willen – wogegen die bösen Geister weder auf das eine noch auf das andere Rücksicht nehmen. Wenn ich in meinem Ungehorsam verharre, nimmt der Heilige Geist mich schließlich beim Wort und schweigt. Dies ist das Verhängnisvollste, was einem Kind Gottes oder einer Kirche passieren kann.

Jeder Akt des Ungehorsams ist tatsächlich der Anfang dieses Vorgangs. Jeder geringste Eigenwille kann zur Auslöschung des Geistes führen. Die Bibel betont vom Schöpfungsbericht bis zur Offenbarung die völlige Notwendigkeit, der Stimme Gottes zu gehorchen. Wenn der Mensch sich nicht den Schöpfungsgesetzen unterordnet, hat er zwangsläufig die Folgen dieser Torheit zu tragen. Der kluge Mensch paßt sein Leben den Gesetzen der Physik, Chemie und Biologie an. Er weiß sehr gut, daß sie dazu dienen, ihn am Leben und in Gesundheit zu halten, und daß jeder Mißbrauch zu einer Beeinträchtigung seiner Fähigkeiten oder gar zu seinem Tod führt. Genauso richtet der geistliche Christ sein Leben nach den Gesetzen des Geistes Gottes. Er weiß, daß sie zu seinem Vorteil geschaffen wurden und ihn näher zu Gott bringen sollen. Der Heilige Geist hat die ganze Schrift eingegeben, damit wir Gottes Gedanken kennen und sie beachten mögen. Wenn schon im körperlichen Bereich Ungehorsam gefährlich ist, wieviel mehr ist er es dann im geistlichen Bereich!

Der Unterschied zwischen Gehorsam und Gesetzlichkeit

Das Neue Testament verurteilt die Gesetzlichkeit, aber besteht auf dem Gehorsam. Außerdem unterscheidet es zwischen »toten Werken« (Hebr 6, 1; 9, 14) und

»guten Werken« (1 Tim 5, 10; 2 Tim 3, 17; Tit 2, 7; 3, 1.8. 14). *Tote Werke* sind alle Bemühungen des Fleisches, sich selbst zu rechtfertigen, daß es brauchbar sei. Seine Beweggründe sind Stolz oder Eigenliebe. *Gute Werke* sind dagegen das natürliche Aufblühen des Lebens Christi in uns. Wer gesetzlich handelt, der handelt mit dem Hintergedanken, Gottes Gunst zu »kaufen« oder andere Leute zu beeindrucken. Der geistliche Gläubige handelt aus Liebe und Dankbarkeit Gott gegenüber, da er sich bereits gerettet weiß.

Es besteht wirklich kein Widerspruch zwischen Glaube und Gesetz. Jesus faßt in Matthäus 22, 37–40 das ganze Gesetz Gottes in einem einzigen Wort zusammen: Liebe. Wenn ich Gott von ganzem Herzen liebe, dann werde ich spontan auch die Dinge tun, die ihm gefallen. Ich werde mich dann voller Abneigung von dem abwenden, was er als Sünde ansieht. Wenn ich meinen Nächsten wie mich selbst liebe, so werde ich ihm um keinen Preis einen Schaden zufügen. Im Gegenteil, ich werde alles tun, um ihm zu helfen.

Liebe ist die Erfüllung des Gesetzes

Die Frucht des Geistes ist Liebe (Gal 5, 22). Wenn wir mit dem Geist erfüllt sind, empfinden wir eine wahre und starke Liebe zu Gott und dem Nächsten. Wir sind von dem ständigen Wunsch angetrieben, Gottes Willen und unserem Nächsten Gutes zu tun. Deshalb sagt Paulus, daß Liebe die Erfüllung des Gesetzes ist (Röm 13, 10), und daß wahrer Glaube »durch die Liebe tätig ist« (Gal 5, 6). Die Fülle des Geistes entwickelt meinen Glauben. Der Glaube wiederum drückt sich in Liebe aus, und Liebe möchte das Beste bewirken. Das Gesetz Gottes ist durch den Heiligen Geist *in mein Herz geschrieben* (Hebr 10, 16). Dieses Gesetz ist nun nicht mehr ein erdrückendes Joch, sondern Freude.

In der Nacht vor seinem Tode sagte Jesus beim Ostermahl – bestimmt mit schwerem Herzen – zu seinen Jüngern: »Wenn ihr mich liebt, werdet ihr meine Gebote halten« (Joh 14, 15; Zürcher). Unser Gehorsam gegenüber Christus zeigt unsere Liebe für ihn. Anschließend (Joh 14, 21–23) gibt der Herr Jesus all denen, die seine Gebote halten, ein Versprechen. Er will ihnen sich und seine Liebe offenbaren. Der Vater selbst soll ihnen offenbar werden. Der ungehorsame Christ erfährt nichts von diesem außergewöhnlichen Segen. Er lebt am Rande der Wirklichkeit, im Zwielicht der Welt. Der Mensch aber, der in ungetrübter Gemeinschaft mit Gott lebt, erfährt bereits hier auf Erden den Himmel. Denn der Himmel ist die Gegenwart Christi.

Die Freude, das Unmögliche zu vollbringen

Es ist oft schwierig, den Willen Gottes zu tun, denn Gott verlangt oft mutige und hingebungsvolle Entscheidungen, die über unsere Kraft gehen. Man kann sogar sagen, daß jedes wahre geistliche Leben (wo Gottes Wille geschieht) in der Tat übernatürlich ist. Ohne die Fülle des Geistes ist es unmöglich, in dieser Welt, die Jesus kreuzigte, ein Christenleben zu führen. Solch ein Leben ist nur dem gläubigen Christen möglich. Sagt Jesus nicht: »Es geschehe dir nach deinem Glauben«? Der Apostel Paulus nennt dies den »*Gehorsam des Glaubens*« (Röm 1, 5). Die Bibel ist voller Beispiele dieses Vertrauens in Gott. Noah glaubte Gott, deshalb baute er die Arche (Hebr 11, 7). Welch ein Schritt des Vertrauens und des Gehorsams. Abraham glaubte. Deshalb zog er aus, ohne zu wissen, wohin er ging (Hebr 11, 8; Röm 4, 18–21). Mose wagte es, ohne Waffe oder menschliche Macht vor Pharao zu erscheinen (Hebr 11, 24–27). Josua vertraute Gott und marschierte mit seinem Volk direkt in den Jordan, der zu der Zeit Hochwasser führte (Jos 3, 5–17; 4, 10.18). Genauso hob der Behinderte seinen verdorrten Arm. Er wurde geheilt, als er gehorchte (Mt 12, 13). Es wird von uns als Kindern Gottes derselbe Gehorsam erwartet. Oft scheint es unmöglich, den Willen Gottes zu befolgen. Wenn er aber ruft oder befiehlt, so müssen wir ihm gehorchen. Und welch eine Belohnung erwartet uns! Die Geschichte der wahren Kirche und der großen Missionare ist voll von Beispielen dieser Art, von Männern und Frauen, meist ohne besondere natürliche Fähigkeiten, die auf Gott bauten und Unmögliches vollbrachten.

Die Torheit eines 90%igen Gehorsams

Ich denke da an die tragische Geschichte des Königs Saul (1 Sam 13–15). Bei anscheinend unwichtigen Fragen weigerte er sich dreimal, dem Worte Gottes zu gehorchen. Er tat zwar den Willen Gottes, aber nicht völlig. Er versuchte, Kompromisse zu machen. Dies ist für einen geistlichen Führer ein schwerwiegendes Versagen. Gott verwarf ihn deswegen. Sein schreckliches Ende ist auch heute für jeden eine ernste Warnung (1 Sam 28–31). Warum verwarf Gott einen Menschen, der zum größten Teil seinen Willen getan hatte? Gott ist Liebe. Liebe ist bereit, alles zu geben, aber sie fordert auch alles. Keine Ehe kann bestehen, wenn sie nicht auf der Basis gegenseitiger und uneingeschränkter Liebe gebaut ist. Liebe kann keine Untreue dulden. Gott liebt uns mit einer uneingeschränkten Liebe, deren Größe nur am Kreuz ermessen werden kann. Deshalb kann er auch keine halbherzige Liebe von unserer Seite dulden. Kein Mädchen würde einen jungen Mann heiraten, der ihr nur 90 Prozent seines Lebens und seines Herzens verspricht – oder sie müßte verrückt sein. Gott möchte zwischen sich und dir eine Wechselbeziehung aufbauen. In diesem Zwiegespräch sehnt er sich nach einem Austausch und einer vorbehaltlosen Offenheit. Gott sagt in einem Vers im Buch der Sprüche: »Gib mir, mein Sohn, dein Herz« (Spr 23, 26). Das ist der Gehorsam, den Gott sucht.

Gott öffnet seinen ganzen Himmel dem Menschen, der ihm sein Herz gibt. Er beginnt sich selbst zu geben und seine Liebe zu enthüllen. Gott bringt seine riesigen Hilfsquellen in deine Reichweite. Das nennt er die *Fülle* seines Geistes. Der Mensch, der immer kalkuliert, wird diesen Schatz nie besitzen. Liebe erlaubt keine Zurückhaltung. Du mußt jeden einzelnen Tag zum Kreuz zurückkommen, um das von neuem zu lernen.

Folglich kann die zweite Bedingung für die Fülle des Geistes auch in einem Wort zusammengefaßt werden: *Gehorsam*. Vor allem Gehorsam gegenüber dem Wort Gottes.

2.3 Voran!

Die dritte geistliche Grundregel: *»Wandelt im Geist«* (Gal 5, 16).

Die dritte Grundregel des geistlichen Lebens kann ebenfalls in einem einzigen Wort zusammengefaßt werden: *Glaube*. »Wandelt im Geist« bedeutet: Glaube Christus!

Voran durch den Geist

»Wandeln« bedeutet: in Bewegung kommen! Wir müssen vorankommen. Es ist verhängnisvoll, auf der Stelle stehenzubleiben. Die Welt, in der wir leben, ist wie eine Rolltreppe, die nach unten führt. Sie ist wie ein reißender Fluß, der uns hinwegführt. Wir müssen gegen den Strom nach oben schwimmen. Dazu müssen wir uns schneller vorwärtsbewegen als die Strömung, die nach unten führt.

»Das ist schwierig!« sagst du. Ja, es *ist* schwierig. Ohne die Hilfe des Heiligen Geistes ist es sogar völlig unmöglich. »Wandelt im Geist« heißt vorankommen, vorwärtseilen im Angesicht der größten Schwierigkeiten, selbst im Angesicht des Todes. Wir sollen dies nicht durch unsere eigene Fähigkeit erreichen, sondern mit der Kraft, die von Gott kommt. Erinnere dich daran, wie Gott seinem Volk vor dem Roten Meer gebot vorwärtszugehen. Im Augenblick des Gehorsams trieb Gott das Meer zurück (2 Mose 14, 15–16.21–22). Christus gebot dem gelähmten Mann aufzustehen. Im Augenblick des Gehorsams wurde er geheilt (Mk 2, 11–12).

»Wandelt im Geist« bedeutet, *den Willen Gottes zu tun*. Dies kommt uns fast immer unmöglich vor. In Wirklichkeit übersteigt das ganze geistliche Leben unser menschliches Vermögen. Wer kann denn schon das Leben Jesu leben? Trotzdem gebietet uns Gott vorwärtszugehen – wie Petrus, als er aus dem Boot stieg und auf dem Wasser zu Jesus lief. Wir gehorchen, wir gehen im Glauben vorwärts. Dann handelt Gott und verwirklicht seinen Willen. Wir sehen uns oft riesigen Schwierigkeiten gegenübergestellt. Wir können nicht aus eigener Kraft tun, was Gott will. Aber wir gehorchen und stützen uns auf seinen Geist. Unser Vertrauen wird dabei bis zum Äußersten beansprucht. Gottes eigenes Versprechen steht auf dem Spiel. Wir sind gezwungen, entweder Christus zu glauben oder in Unglauben zu fallen.

Aber Gott läßt uns niemals im Stich! Er wird nie den Menschen enttäuschen, der ihm wirklich gehorcht und vertraut. Natürlich prüft er unseren Glauben – bis aufs Äußerste. Manchmal denken wir, daß wir es nicht mehr aushalten können. Aber Gott läßt uns nicht fallen. Wir müssen lernen, das Leiden zu ertragen. Jesus hat seinen

Jüngern nie ein leichtes Leben versprochen. Ihm zu folgen schließt ein, das Kreuz auf sich zu nehmen. Nur so erfahren wir auch jedesmal die Kraft der Auferstehung. Im Geist zu wandeln bedeutet, anzunehmen was Gott sagt: Wir sind mit Christus gestorben und suchen nicht länger unseren eigenen Weg. Folglich leben wir auch in der Kraft seiner Auferstehung.

Warum sagt Gott: »Geh!«?

Zur Zeit des Apostels Paulus konnte man entweder nur zu Fuß von einer Stadt zur anderen reisen oder sich von einem Tier tragen oder ziehen lassen. So konnte man nur Schritt für Schritt vorankommen. Genauso gibt es im geistlichen Leben keine andere Möglichkeit vorwärtszukommen, als Schritt für Schritt. Es gibt keine geistlichen Schnellzüge oder Düsenjäger. Wenn wir geistlich vorankommen wollen, so müssen wir – bildlich gesprochen – gehen. Das bedeutet: Wir können nur einen Schritt nach dem andern machen.

Unser geistliches Leben beginnt mit einem *Schritt* des Glaubens, der in uns eine Haltung des Vertrauens bewirkt. Diese Einstellung führt dann nach und nach zu neuen Vertrauensschritten. Unser geistliches Leben besteht in der Tat aus aufeinanderfolgenden Schritten des Vertrauens. Wir leben in der ständigen Abhängigkeit von Gott. Nachdem wir im Vertrauen begonnen haben, müssen wir auch im Vertrauen weitermachen (Gal 3, 2–3; 5, 25).

Es ist einfach unmöglich, zwei Schritte gleichzeitig oder den dritten oder zehnten vor dem ersten zu machen. Wenn ich Gott heute nicht bei der ersten Aufgabe gehorche, mit der er mich beauftragt hat, dann werde ich nie so weit kommen, seinen Willen in wichtigen Dingen auszuführen. Wenn ich nicht treu bin in kleinen Dingen, sagt Christus, wer wird mir dann die wahren Reichtümer anvertrauen (Lk 16, 11)?

Es ist wichtig, in der dritten geistlichen Grundregel das griechische Verb genauer zu betrachten. Es steht in der andauernden Befehlsform: »Wandelt ohne Unterlaß!« Es meint also, ohne zu ermüden, ständig vorwärtszugehen. Jeden Tag. Jeden Moment. Ein unaufhörliches Vertrauen in Christus. Kein Christ kann sagen: »Ich habe es geschafft!« – ganz gleich, welchen Weg er schon hinter sich hat. Es gibt ständig neues Gebiet zu erobern und zu erforschen.

»Wir wandeln im Glauben und nicht im Schauen« (2 Kor 5, 7)

In jedem Moment eines solchen Lebens wird dein Vertrauen auf die Probe gestellt. Wenn du Christus glaubst, dann gehorchst du ihm auch. Wenn du dich beim Vorwärtsgehen auf ihn stützt, dann wird er auch seinen Willen in dir erfüllen. Jeder zurückgelegte Schritt bereitet dich auf das nächste Stück vor. Auf diese Weise vertieft Gott deine Zuversicht.

Wir möchten so gern im voraus wissen, wohin der Weg führt. Aber wenn du es vorher wüßtest, brauchtest du nicht mehr zu vertrauen. Ganz im Gegenteil! Was Gott aber zuerst von dir will, ist dein volles Vertrauen. Er verlangt von dir, daß du bei jedem Schritt deine ganze Zuversicht auf ihn setzt, daß du mit deinem ganzen Wesen von ihm abhängig bist.

Glaube und Vernunft

Gott tut der menschlichen Vernunft nie Gewalt an. Er verlangt von uns, daß wir ihm in der Nachfolge vertrauen und uns nicht auf unseren Verstand verlassen. Dennoch läßt er unsere Vernunft dabei nicht außer acht. Böse Geister dagegen löschen die Persönlichkeit, die Vernunft und den Willen eines Menschen aus, wenn sie ihn beherrschen. Der Geist Gottes tut dies niemals. Er achtet unser Menschsein. Aber er weiß, daß unser Verstand durch die Sünde verdorben ist und durch unzählige Stimmen und Einflüsse von außen überflutet wird. Wir können ohne die Führung des Heiligen Geistes nicht den Weg finden. Glaube dagegen vermittelt die Fähigkeit der geistlichen Wahrnehmung, die uns bei der Wiedergeburt gegeben wurde. Der Glaube steht niemals im Widerspruch zur Vernunft. Vielmehr bringt Gott durch den Glauben geistliche Wahrheiten in die Reichweite unseres Begriffsvermögens. Der Verstand erkennt die Wahrheiten und erfährt durch sie eine tiefe Befriedigung. Glaube ist der geistliche »Sinn«, der es uns ermöglicht, Gott zu sehen und zu verstehen. Dieser »Sinn« erleuchtet unseren Verstand, so daß wir weise Entscheidungen treffen können. Ohne den Glauben ist die Vernunft durch eine »Decke« geistlicher Unempfindlichkeit oder Unbewußtheit begrenzt. Sie muß sozusagen im dunkeln arbeiten. Das erklärt, warum jede unbiblische Philosophie versagt. Glaube und Vernunft gehen miteinander Hand in Hand und im Gleichschritt, wobei der Glaube immer einen Schritt voraus ist.

Der Glaube ist nicht blind. Nur falscher Glaube und Fanatismus sind blind. Aber der Glaube, der auf göttlicher Offenbarung beruht, sieht sein Ziel sehr deutlich. Gott verlangt von uns nicht, wider alle Vernunft zu glauben, so wie es die menschlichen Glaubensbekenntnisse tun. Bei jedem Schritt gibt er uns genug Licht, damit wir sicher den richtigen Weg gehen. Es besteht hier kein Widerspruch. Wenn du dich verliebst, ist es nicht deine Vernunft, die dir gebietet, wen du lieben sollst. Trotzdem findet sie eine Menge guter Gründe, um zu erklären, warum du diese Person liebst. Wenn du also die Liebe verstehst, die Gott dir im gekreuzigten Christus offenbart, so ist dabei deine Vernunft tätig. Nicht zu folgen, wäre nicht nur Sünde, sondern sogar eine große Torheit.

Die Wolke der Nähe Gottes

Vor langer Zeit führte die Wolke der Nähe Gottes Mose und das Volk Israel durch die Wüste (2 Mose 13, 21–22; 4 Mose 9, 15–23). Wir Christen werden genauso durch die Nähe des Geistes Gottes geleitet (Röm 8, 14). Je näher wir bei der »Wolke« leben, desto empfindlicher werden wir für die Bewegungen des Geistes. Je näher wir zu Gott kommen, um so mehr verstehen wir seinen Plan und um so besser kann er uns lenken. Der Prophet sagte: »Deine Ohren werden hinter dir das Wort hören: Dies ist der Weg; den geht!« (Jes 30, 21). Wenn wir einen absolut vertrauenswürdigen Führer haben, brauchen wir selbst in der dunkelsten Nacht keine Angst zu haben, den Weg zu verlieren. Welches Glück, daß wir nicht von unserem Verstand oder unseren Gefühlen abhängig sind, um zu wissen, in welche Richtung wir nun gehen sollen! Wir haben Zugang zu dem ganzen Verstand und der Kraft des Einen, der das Universum erhält. Durch diese Möglichkeit können wir seinen wundervollen Plan begreifen und erfüllen. Glücklich ist der Mensch, der ihm von ganzem Herzen vertraut!

»Wandelt mit Hilfe des Geistes« (Gal 5, 16).

Im Originaltext wird hier das Wort »Geist« im Dativ ohne Präposition verwendet, also im Instrumentalfall. Die Übersetzung müßte eigentlich lauten: »Wandelt mit Hilfe des Geistes«, d. h. sich auf ihn verlassen, sich auf ihn stützen. So wie du deine Füße, deine Muskeln und deine Augen brauchst, um zu gehen, so kannst du auf die Macht und Intelligenz des Heiligen Geistes bauen. Er führt und hält dich. Er ebnet dir den Weg, er trägt dich und bringt dich schließlich ans Ziel. Er wird dich nicht enttäuschen. Wenn ein kleines Mädchen die Kraft und Unterstützung seines Vaters in Anspruch nimmt, um einen Wildbach zu überqueren, dann drückt es damit sein Vertrauen in ihn aus. Genauso wird von einem Kind Gottes erwartet, daß es sich vom himmlischen Vater führen läßt. Es gehorcht ihm, indem es vorangeht.

Auf ein Ziel zu marschieren

Gott zeigt uns nicht alle Einzelheiten des Weges, der vor uns liegt. Trotzdem läßt er uns nicht umhertappen, ohne uns die Richtung zu zeigen. Noah hatte ein klares Ziel (Hebr 11, 7); ebenso auch Abraham (Hebr 11, 10.18) und Mose (Hebr 11, 27). Der Apostel Paulus hatte ein großartiges Ziel (Apg 9, 15; 26, 16–28). Jeder, der Gott liebt, hat ein Ziel in seinem Leben, eine deutliche Richtung, die er durch eine göttliche Offenbarung empfangen hat. Zur Zeit der Bibel erhielten diese Menschen eine Offenbarung von Gott und eine bestimmte Berufung, meist als sie noch recht jung waren. Danach wurde ihr ganzes Leben auf die Erfüllung dieser Aufgabe ausgerichtet. Oft konnten sie nicht erkennen, wie dies jemals erreicht werden könnte. Aber sie zogen aus im Vertrauen und verloren ihr Ziel nie aus den Augen. Und sie schafften es! Auch du brauchst eine Berufung, ein Ziel, eine klare Aufgabe. Erwarte viel! Bitte Gott, dir die wahre Bedeutung deines Lebens zu zeigen, und dann *geh!*

Du bist wie ein Reisender, der in der Ferne die Stadt oder den Berg sieht, auf den er zugeht. Der Verlauf der Straße, die vor ihm liegt, ist oft verborgen. Er kann vielleicht nur ein oder zwei Kilometer weit sehen, vielleicht auch nur die nächsten Meter; aber er verliert sein Ziel nicht aus den Augen. Er weiß, wohin er geht. So zog auch Abraham aus, um den Willen Gottes zu befolgen. Er hatte keine Vorstellung davon, wie er es fertigbringen würde. Aber er ließ sich nicht von seinem Vorhaben abbringen, das danach den gesamten Lauf der Geschichte beeinflußte. Er wußte nicht, wie er jemals den versprochenen Sohn oder das verheißene Land erhalten würde. Und doch kam durch ihn das Volk in die Welt, durch das die Bibel und Christus zu uns gekommen sind. Ähnlich erging es Mose, als er dem Herrscher seiner Zeit gegenüberstand. Er hatte keine Vorstellung, wie Gott seine zwei Millionen Brüder und Schwestern aus ihrer schrecklichen Knechtschaft befreien würde. Und doch wurden sie befreit. Genauso wußte auch Paulus eigentlich nicht, als er Antiochien verließ, wozu ihn Gott gebrauchen würde. Trotzdem brachte er das Evangelium nach Europa. Er hinterließ uns Schriften, die mehr wert sind als alles Gold dieser Welt.

». . . so werdet ihr die Lüste des Fleisches nicht vollbringen« (Gal 5, 16).

Das ist der wunderbare Weg der Befreiung! Gott verspricht denen, die im Geist wandeln, die Befreiung von den bösen Lüsten ihrer alten Natur. Lies einmal die tiefgreifenden Aussagen des Paulus in Römer 8, 2–4. Wir brauchen uns als Knechte Christi nur unter seine Vollmacht zu stellen, dann befreit er uns von der erdrückenden Knechtschaft unter der autoritären Macht der Sünde. Die Macht seines Geistes hebt die Macht der Sünde auf. Die Bibel belehrt uns nicht bloß: »Du darfst nicht!« Gott weiß, daß wir die Sünde nicht allein besiegen können. Deshalb sagt er uns auch: »*Überwinde das Böse mit Gutem*« (Röm 12, 21). Es genügt nicht, gegen unsere bösen Wünsche anzukämpfen. Wir müssen auch etwas Positives anstelle dieser Dinge tun. Wenn ich den Willen Gottes wähle, handele ich positiv. Wenn du den Willen Gottes tust, dann ergreift der Geist Gottes deine Fähigkeiten und deine Kraft und leitet sie in eine positive Richtung. Es bleibt dir weder Zeit noch Kraft übrig, Böses zu tun. So wird deine alte Natur allmählich von der überlegenen und in dir wohnenden Kraft des Geistes Gottes unterworfen.

Die fürchterlichste aller Sünden

Das Gegenteil von Glaube ist Unglaube. In Gottes Augen ist Unglaube die fürchterlichste aller Sünden, denn ihre Folgen sind tödlich. Menschen kommen nur aus dem Grund in die Hölle, weil sie Gottes Großzügigkeit oder Gnade verworfen haben. Weil sie nicht glauben, daß das Blut Jesu Christi irgendeinen Wert hat. Einem Kind Gottes ist deshalb klar, daß Unglaube die gefährlichste aller Sünden ist. Diese Sünde kann ihn allen Segen und auch seine Belohnung kosten, wenn Christus in sein Reich kommt.

»Und wir sehen, daß sie nicht eingehen konnten *wegen ihres Unglaubens* . . . das Wort der Predigt half jenen nicht, weil es bei den Hörern nicht mit dem Glauben vereinigt war. Denn wir, die wir gläubig geworden sind, gehen in die Ruhe ein . . . So wollen wir uns nun eifrig *bemühen,* in jene Ruhe einzugehen« (Hebr 3, 19; 4, 2.3.11; Zürcher).

»Wandelt ständig mit Hilfe des Geistes, so werdet ihr nicht die bösen Lüste der alten Natur vollbringen« (Gal 5, 16). Voran! Komm in Bewegung!

Schlußfolgerung des 2. Teils

Wir wollen die drei geistlichen Grundregeln zusammenfassen:

1. *»Betrübet nicht den Heiligen Geist Gottes«* (Eph 4, 30).

Das bedeutet *sofortige Buße* (griech.: metanoia = Sinnesänderung) mit dem Bekenntnis aller bewußten Sünden und der Annahme der sofortigen väterlichen Vergebung Gottes (1 Joh 1, 9).

2. *»Den Geist löscht nicht aus«* (1 Thess 5, 19; Elberfelder).

Das bedeutet *sofortigen Gehorsam* gegenüber Christus.

3. *»Wandelt im Geist«* (Gal 5, 16) (griech.: pistis = Vertrauen, Treue).

Das bedeutet *sofortigen Glauben* an Christus.

Der Mensch, der diese drei besonderen Gebote, die den Heiligen Geist betreffen, in seinem Leben befolgt, wird sicher die Bedeutung des allgemeinen Gebotes entdecken: Werdet ständig mit dem Geist erfüllt (Eph 5, 18).

3. Teil
Die vier Disziplinen

Vorwort

Wir haben jetzt alle vier Gebote untersucht, die im Blick auf den Heiligen Geist in der Bibel gegeben sind. Das erste Gebot fordert von uns, erfüllt zu sein mit dem Heiligen Geist, und die anderen drei zeigen uns die Bedingungen für dieses Erfülltsein auf. Wir haben gesehen, daß alle diese Wahrheiten auf einen Punkt zulaufen: Glaube an Christus.

Unser Glaube kann durch ein beschmutztes Gewissen oder einen eigensinnigen Willen zerstört werden. Die drei Grundregeln, die wir studiert haben – *Buße* (die das Bekenntnis unserer Sünde erfordert), *Gehorsam* und *Vertrauen* –, sind in Wirklichkeit nur eine einzige Regel. Es ist der Glaube (= Vertrauen), der uns rettet. Aber wahrer Glaube, bewirkt durch den Heiligen Geist, wird stets von wahrem Gehorsam und wahrer Buße begleitet. So sind diese drei Gebote wie drei Stufen, die in die Nähe Gottes führen, welche du aber nur in einem Glaubensschritt nehmen kannst. Du mußt Jesus von ganzem Herzen vertrauen.

Glaube, Buße und Gehorsam sind die Hauptsäulen, auf die sich dein geistliches Leben stützt. Sie sind, wie wir gesehen haben, wie drei ineinandergefügte Bretter, die den Tisch deines Lebens bilden. Wir werden jetzt die vier weiteren Säulen – bildlich gesprochen, die vier Beine des Tisches – untersuchen. Die Tischplatte ist wichtiger als die Beine, aber ohne die Beine wäre sie nicht von großem Nutzen. Diese »Tischbeine« sind die vier Stützen oder Gewohnheiten, die unseren Glauben nähren und kräftigen, und die uns helfen, unser geistliches Leben auf

einem hohen Niveau zu halten. Es handelt sich um *Disziplinen,* die jedes Kind Gottes mit größter Sorgfalt pflegen muß. Ohne sie bleibt unser Glaube im Anfangsstadium stecken und hat keine Hoffnung, sich weiterzuentwickeln. Unser Glaube wird jedoch nur genährt und gefestigt, wenn wir uns ständig in diesen Disziplinen üben. Nur so können wir die Fülle erlangen, die uns Gott in Christus anbietet, und weiter vorankommen. Diese vier Disziplinen oder Stützen des geistlichen Lebens sind: 1. Gebet
    2. Das Wort Gottes
    3. Gemeinschaft
    4. Zeugnis
Die Bibel sagt hierüber einige sehr wichtige Dinge. Dies wird in den folgenden Kapiteln, so hoffe ich, deutlich werden.

Warum vier Disziplinen?

Jeder, der eine dieser vier Disziplinen vernachlässigt, wird zu einer Belastung für seine Brüder. Ein Tisch, der ein Bein verloren hat, ist sehr unstabil. Ebenso verhält es sich mit einem »wackeligen« Christen, der bei jedem kleinen Problem, das auftaucht, den Mut verliert oder ärgerlich wird. Er ist eine »schwierige« Person. Du mußt andauernd aufpassen, ihn nicht vor den Kopf zu stoßen.

Es gibt auch Gläubige, die versuchen, sich wie ein Tisch auf zwei Beinen aufrecht zu halten! Solch ein Christ braucht mindestens zwei andere, die ihn stützen. Dann gibt es leider noch einige Gläubige, die so schwach sind, daß sie einem Tisch mit nur einem oder gar keinem Bein ähneln! Sie brauchen eine ganze Gruppe von Gläubigen, um sie vor dem Fallen zu bewahren. Diese Gläubigen sind ein Hindernis, eine erdrückende Last für jede Gemeinde.

Ist Disziplin wirklich nötig?

Wenn du bei irgendeiner Sache im Leben erfolgreich sein willst, brauchst du Disziplin. Die meisten unter uns akzeptieren diese Tatsache. Jedes Kind muß sich der Disziplin unterordnen, zunächst in der Familie und später in der Schule. Ohne Disziplin wäre es dazu verurteilt, unwissend zu bleiben und ein sozialer Versager zu werden.

Disziplin ist die Grundlage jeder brauchbaren Kenntnis. Der Heranwachsende muß lernen, *sich selbst* zu disziplinieren, seine Wünsche zu beherrschen und seine Fähigkeiten zu entwickeln. Sonst hat er keine Aussicht, seine Prüfungen zu bestehen. An der Universität hängt der Erfolg anscheinend von der Selbstbeherrschung und Kenntnis ab, die der Student vorher bereits erworben hat. Jeder Sportler, Musiker, Maler, Facharbeiter oder Wissenschaftler muß sich einer strengen Disziplin unterwerfen, wenn er in seinem Arbeitsbereich Erfolg haben will. Jedes junge Ehepaar stellt bald nach der Gründung seines Hausstandes fest, daß ihr Leben eine klare Disziplin braucht. Ohne sie würde ihre Ehe schnell auseinanderbrechen und ihre Kinder zu Versagern werden. Die Weltgeschichte zeigt, daß ein disziplinloses Volk immer von der Gnade eines disziplinierten Volkes abhängt. Warum sind nur die Gläubigen in geistlichen Angelegenheiten im allgemeinen so undiszipliniert? Allzuoft glauben sie, daß sie auch trotz mancher Nachlässigkeit geistlich Erfolg haben könnten. Das ist ein Irrtum. Es ist unbegreiflich, wie sich viele Gläubige der Bosheit und Macht des Feindes Christi ungeschützt darbieten. Wenn jedes vernünftige Volk in allen Lebensbereichen Disziplin benötigt (und ohne sie wird nichts Brauchbares erreicht), dann ist es doch klar, daß auch wir Christen in allen Fragen des Gottesreiches ohne Disziplin nicht weiterkommen! Auf geistlichem Gebiet können wir nichts erwarten, wenn wir uns nicht ganz einsetzen, was all unsere Kräfte und Fähigkeiten einschließt. Wer dies nicht wahrhaben will, dem mangelt es an geistlicher Einsicht. Das lateinische Wort für »Jünger« ist »discipulus«, welches einen Menschen bezeichnet, der sich einer Disziplin (lat.: disciplina) unterwirft. Wenn du diese Disziplin nicht in deinem geistlichen Leben hast, so kannst du dich nicht als ein Jünger bezeichnen. Glücklich ist der, der die Disziplin Jesu annimmt (Mt 11, 29–30; Lk 14, 25–33). Er wird vorankommen.

3.1 Der offene Himmel

Die erste Disziplin: *Das Wunder des Gebetes*

Warum beten?

Jetzt, da du das ewige Leben hast, bist du in direktem Kontakt mit der Quelle des Universums, mit Gott selbst. Es ist nun das wichtigste Ziel in deinem Leben, eine innige Beziehung zu ihm zu entwickeln. Ich will dafür sieben Gründe angeben.

1. Das Gebet ist der direkte Kontakt mit Gott

Es ist die einzige Tätigkeit, die den Menschen vor das Angesicht seines Schöpfers bringt. Alle anderen Tätigkeiten spielen sich auf der »horizontalen«, zwischenmenschlichen Ebene ab. Beten ist die einzige »vertikale« Tätigkeit. Es ist das Zwiegespräch mit dem, der dir das Leben gibt. Wir könnten, ohne zu übertreiben, sagen: Gott hat uns erlöst, damit wir zu ihm beten. Er ist unsere geistliche Sonne. Eine Blume kann nicht ohne Licht bestehen. Sie öffnet und dreht sich zu den lebenspendenden Strahlen. Genauso wendet sich auch der Gläubige Gott zu. Er wird unwiderstehlich zu der Quelle seines Seins gezogen. Beten ist die wichtigste und größte Erfahrung im Leben eines Gläubigen. Verglichen mit dem Gebetsleben eines Menschen ist jede andere Tätigkeit zweitrangig.

Beten ist lebendig. Alles, was von unserem geistlichen Leben nach unserem Tode übrigbleiben wird, ist in gewisser Weise unser Gebetsleben – mit anderen Worten: *unsere wahre Kenntnis von Gott.* Je mehr wir dies hier und jetzt erstreben, um so reicher werden wir dann im Gottesreich sein. Wir können Gott jetzt und nach der Rückkehr Christi nur in dem Maße dienen, wie wir ihn kennen. Wir können auch anderen nicht mehr weitergeben, als wir selber wissen. Jesus und der Apostel Paulus lehren, daß unsere Belohnung im Himmel der Entwicklung unseres irdischen geistlichen Lebens entsprechen wird (Lk 19, 11–26; 1 Kor 3, 11–15). Beten ist deshalb absolut notwendig.

2. Gott gebietet uns zu beten

Die Bibel enthält in großer Anzahl Aufforderungen zum Gebet. Jesus sagte, daß die Menschen jederzeit beten und nicht aufgeben sollten (Lk 18, 1). Im Garten Gethsemane fragte er traurig seine Jünger: »Könnt ihr denn nicht eine Stunde mit mir wachen? Wachet und betet, daß ihr nicht in Anfechtung fallet!« (Mt 26, 40–41). Paulus sagte: »Betet ohne Unterlaß!« (1 Thess 5, 17). Gott befiehlt uns, Tag und Nacht zu beten. Dies sollte uns Anlaß genug sein zum Beten.

3. Alle Gottesmänner in der Bibel waren Menschen des Gebetes

Die Geschichte ihrer Berufung, ihrer Offenbarungen und ihrer Botschaft ist sehr spannend zu lesen. Es ist für uns äußerst wertvoll, ihr Geheimnis zu entdecken. Wir wissen, daß alle diese Menschen, meist, als sie noch recht jung waren, eine außerordentliche Erfahrung mit Gott machten. Sie lebten in einer innigen Vertrautheit mit ihrem Schöpfer. Wenn sie ihren Glauben im Gebet ausdrückten, veränderte er viele Male den Verlauf der Geschichte. Lies z. B. einmal das Leben von Mose und Paulus und vergleiche dann dein Gebetsleben mit der Erfahrung dieser Männer. Warum solltest du nicht eine ähnliche Erfahrung machen!

Hinzu kommt: *Alle Gottesmänner der Kirchengeschichte waren Menschen des Gebetes.* Am besten liest du selbst die Lebensbeschreibungen von Hudson Taylor, Georg Müller, John Bunyan, David Brainerd, C. T. Studd, John Sung, Sadhu Sundar Singh, John Wesley, um nur einige zu nennen. Alle waren Menschen des Gebetes, die jeden Tag einen Großteil ihrer Zeit vor Gottes Angesicht verbrachten. Und sie vollbrachten für Gott fast unglaubliche Heldentaten.

4. Selbst der Sohn Gottes brauchte das Gebet, als er auf der Erde war!

In der Tat betete Jesus mehr als andere Menschen. Ich dachte immer, daß er so viel betete, weil er eben der Sohn Gottes war, und daß er es als Sohn Gottes eigentlich gar nicht nötig gehabt hätte. Aber es geht klar aus der Schrift hervor, daß er wirklich beten mußte. Denn er war Mensch und kein »Supermann« oder Engel. Bevor er sein Amt aufnahm, betete und fastete er 40 Tage lang in der Wüste. Als menschliches Wesen mußte er Fragen klären, seine Botschaft empfangen, dem Teufel persönlich gegenüberstehen und ihn durch den Heiligen Geist überwinden. Nach dieser Zeit der Einsamkeit kehrte Jesus geisterfüllt mit einer gewaltigen und zugleich einfachen Botschaft für die Menschen zurück. Während der Jahre seiner geistlichen Arbeit und Lehre entwich er von Zeit zu Zeit in die Berge und an einsame Stellen. Dort betete er, bevor er sich wieder den Menschenmengen stellte. Wenn der Sohn Gottes so sehr das Gebet brauchte, wieviel mehr benötige ich es dann als Mensch und Sünder! Und wie steht es mit dir?

5. Im Gebet wird der Glaube wirksam

Jesus zeigt deutlich, daß wir ohne Glauben nichts von ewigem Wert erhoffen können. Wenn wir nicht beten, bleibt der Glaube unwirksam und nutzlos. Im Gebet drückt sich der Glaube aus. Wenn ich den Versprechen Gottes vertraue, dann werde ich sie auch ergreifen und gebrauchen, sonst mache ich mir selbst etwas vor. Was nützt es, wenn ich sage, daß ich dem Wort Gottes glaube, aber Gott nicht auf die Probe stelle (Jes 7, 11–13)? Was bewirkt sein Versprechen, wenn ich nicht von ihm erwarte, daß er es hält? Wenn ich einen Scheck in der Hand habe, so reicht es nicht, an seine Gültigkeit zu glauben. Ich muß ihn einlösen, sonst bleibt er wertlos. Beten bedeutet gleichfalls, die Versprechen Gottes »einzulösen«. Es beruft sich auf das Wort Gottes und stellt Gott auf die Probe. Glaube kommt letztlich durch das Wort Christi (Röm 10, 17). Er wird wirksam oder aktiv, wenn er im Geist die göttlichen Verheißungen und Wahrheiten ergreift. Mein Glaube bleibt tot, wenn ich nicht *wirklich* bete, oder anders gesagt: Ich lebe im Unglauben.

6. Wenn du betest, beginnt der Geist Gottes zu handeln

Er handelt als Antwort auf deinen Glauben. Wenn er wirkt, werden die bösen Geister in den »himmlischen Stätten« besiegt und durch die Macht Christi aus dem Felde geschlagen (Eph 1, 3.21; 2, 6; 6, 12–18). Wenn du betest, wird in der unsichtbaren Welt eine ganze Kettenreaktion in Bewegung gesetzt. Der Geist Gottes bringt das Wort zur Wirkung. Er wendet den Wert des kostbaren Blutes Christi auf dein Gebet an. Er gebraucht und unterstützt deinen Glauben.

7. Gott liebt dich: Das ist der Hauptgrund für das Beten

Wenn du jemand liebst, dann möchtest du bei ihm sein. Die Nähe, die Stimme, das Gesicht dieses Mannes oder dieser Frau ist für dich sehr wichtig geworden. Liebe kann keine Abwesenheit ertragen. Aber wer kann die Liebe Gottes ermessen, diese allerhöchste Liebe, die uns am Kreuz durch Christus offenbart wurde? Wenn wir verstehen, wie sehr uns Gott nahe bei sich haben will, dann finden wir auch einen Grund zum Beten. Ich meine, daß Gott das Gebet zu unserem Besten herausfordert, um uns immer mehr zu ihm zurück – und näher zu sich zu holen. Echtes Beten ist ein Ausdruck von Liebe, und gerade die Liebe gibt dem Leben seinen Sinn.

Brauchen wir ein Gebetsschema?

Der Mensch neigt dazu, Gottes Wahrheit zu entstellen. Ebenso wie er die Erde durch Raubbau und nachfolgende Verschmutzung ruiniert, so verdreht er auch die Wirklichkeit des Glaubens.

In der ganzen Geschichte des Christentums wurde

meiner Meinung nach nichts so sehr verfälscht wie die Auffassung vom Gebet. Die Religion entstellte das Gebet allzuoft zu einer toten Formel oder zu einem bloßen Ritus. Diese formelhaften Gebete nehmen dem Gläubigen die Möglichkeit, seine Empfindungen und Gedanken frei auszudrücken und so eine wirkliche Gemeinschaft mit Gott und seinen Brüdern zu finden. Man fügt einem Menschen großen Schaden zu, wenn man ihm solche Beschränkung auferlegt. Glaubst du vielleicht, daß ein junger Mann, der seinem Mädchen seine Liebe erklären möchte, dazu eine Reihe von Formeln benutzen würde? Warum gehen die Menschen dann so mit Gott um? Kennen sie ihn etwa nicht? Beten ist eigentlich eine Sprache der Liebe. Es entspringt dem Verlangen nach dem Angesicht Gottes.

Dennoch offenbart selbst das Wort Gottes, daß das Gebet nicht ganz ohne Form sein kann. So wie der Baum, die Blume, die Wolke eine bestimmte Struktur haben, so auch die Beziehung zwischen dem Menschen und seinem Schöpfer. Aber diese Struktur umfaßt die freie Ausdrucksmöglichkeit des Lebens, jene unendliche Vielfalt der Frucht des Heiligen Geistes.

Die sieben Stufen des Gebetes

Wir finden in der Bibel sieben verschiedene Gebetsarten, die wie folgt zusammengefaßt werden können:

1. Bitte
Die Bitte nenne ich die Grundstufe des Gesetzes. Wie ein kleines Kind bitten wir Gott um die Erfüllung unserer Wünsche und Bedürfnisse. Wir brauchen seinen Schutz und seine Hilfe. Wir möchten, daß er unsere Probleme löst: Arbeit, Geld, Freundschaften, Gesundheit, Ehe

und alle anderen Dinge. Jeden Tag bemühen wir Gott mit unseren kleinen Angelegenheiten. Und Gott antwortet. Wie eine Mutter hat er es gern, wenn sein Kind zu jeder Tageszeit zu ihm kommt, um ihn um etwas zu bitten. Selbst eine wirklich beschäftigte Mutter freut sich mehr über das Bitten ihres Kindes, als wenn das Kind sie meiden würde. Gott läßt all diese Bedürfnisse und Schwierigkeiten zu, um uns zum Beten zu ermutigen und uns in seine Arme zu holen.

2. Sündenbekenntnis

Wir können im Gebet nicht vorankommen, wenn wir unser Verhältnis mit Gott nicht ins reine bringen. Deshalb müssen wir mutig vor Gottes Angesicht treten und uns seinem unbestechlichen Urteil stellen. Ihm können wir nichts vortäuschen, weil »Gott Licht ist und in ihm ist keine Finsternis« (1 Joh 1, 5). Jesus lehrte seine Jünger, ihr Gebet mit diesen wichtigen Worten anzufangen: »Geheiligt werde dein Name.« Wenn wir uns Gott nähern wollen, müssen wir uns von neuem unter das Kreuz stellen. Denn es gibt keine andere Möglichkeit, in die Nähe Gottes zu kommen, als durch das wertvolle Blut seines Sohnes. Wenn wir unsere Sünden bekennen, gewährt er uns augenblicklich seine väterliche Vergebung (1 Joh 1, 9).

3. Danksagung

Unter dem Gesetz mußten die Juden nach dem Sündopfer stets ein Dankopfer bringen. Sie mußten, wie für alles andere, Gott auch für die Vergebung danken. Das Neue Testament macht uns ständig auf diese Notwendigkeit aufmerksam, Gott zu danken. Das Abendmahl ist im wesentlichen ein Akt der Danksagung, der Ausdruck unserer Dankbarkeit für das Opfer Christi. Die ersten

Jünger in Jerusalem waren sich so sehr bewußt, was Gott für sie getan hatte, daß sie jeden Abend in ihren Häusern das Brot brachen. Der Geist Gottes ist ohne Zweifel tief verletzt, wenn wir vergessen, ihm für seinen Segen zu danken.

Wenn du wirklich entmutigt bist, dann nimm dir Zeit, Gott zu danken! Es gibt unzählige Gründe, ihm dankbar zu sein. Wenn ich anfange, Gott zu danken, erreiche ich nie das Ende der Liste! Als Paulus und Silas in Philippi erschöpft im Gefängnis lagen, den Rücken zerschunden und die Füße fest im Stock, fiel ihnen nichts Besseres ein, als Gott zu danken. Und bald sangen sie zu seinem Lobe. Du kennst selbst das Ende der Geschichte (Apg 16, 24–34). Auch wenn die ganze Welt gegen uns kämpft, so ist doch Gott mit uns, und der Himmel liegt offen vor uns. Für jede Minute des Leidens empfangen wir eine Ewigkeit der Freude.

4. Lobpreis

Von der Dankbarkeit zum Lob ist es nur ein kleiner Schritt. Der geistliche, siegreiche Christ lobt Gott beständig von ganzem Herzen. Gott will nicht das, was von den meisten Menschen Lob genannt wird, jene Schmeicheleien, die nur von den Lippen kommen. Er haßt sie ebensosehr wie wir. Wenn wir Gott lobpreisen, erkennen wir im wesentlichen seine Wahrheiten. Loben heißt: klar sehen! Wenn ich Gott wirklich erkannt habe, werde ich mir bewußt, wie großartig er ist und wie außergewöhnlich seine Gnade und sein Mitleid sind. Ich erkenne, wie unbeschreiblich wundervoll Christus ist, der das Universum schuf, und der am Kreuz mir den Weg zu Gott öffnete. Lob ist einfach die Antwort der menschlichen Seele auf die Offenbarung der ganzen Wirklichkeit. Wir sind überwältigt und sprachlos. Die Wahrheit Gottes ist phantastisch. Die Bibel nennt es Lob, wenn wir die Wahrheit anerkennen und Gott die innersten Gefühle und Gedanken mitteilen. Es ist das Erblühen einer Seele im Angesicht Gottes. Sie ist von der Liebe zu ihm überwältigt.

5. Anbetung

Die Anbetung geht über das Lob hinaus. Unser Herz ist von der Offenbarung des Angesichts Christi überwältigt und wirft sich ihm zu Füßen. Wir denken dann an nichts anderes mehr als an ihn. Gott wird dann unser Alles. Wir leben nur für ihn. Unsere Seele wird von seiner Schönheit und seiner Liebe getragen. Es ist der Augenblick, in dem wir uns ihm ganz hingeben.

Dies ist für Gott wie ein lieblicher Duft! Ich muß dabei an Maria von Bethanien denken, die einige Tage vor dem Tode Jesu eine Parfümflasche, die ein ganzes Jahresgehalt wert war, über die Füße ihres Meisters goß.

6. Gemeinschaft

»Unsere Gemeinschaft (oder Teilhabe) ist mit dem Vater und mit seinem Sohn Jesus Christus« (1 Joh 1, 3). Dies bedeutet, daß ich alles mit dem Vater und dem Sohn teile. In dieser beglückenden Gemeinschaft mit Gott finde ich meinen eigentlichen Lebenssinn. Hier gewinnt das Gebet seine höchste Bedeutung.

Das Abendmahl ist das vollkommene Sinnbild dieser Gemeinschaft. In der Kreuzigung seines Sohnes hat Gott die totale Hingabe seiner eigenen Person ausgedrückt. Jetzt erwartet er auch von mir eine völlige Hingabe meiner Person. Wenn du dein ganzes Wesen ohne Vorbehalt in Gottes Hände gibst, erfährst du die höchste Freude deines Lebens. Der Heilige Geist führt dich in eine Gemeinschaft mit Gott, in der du alles, was er liebt, mit ihm teilst. Und dieses »Alles« läßt sich in einem Wort zusammenfassen: Christus. Das ist der Himmel!

Gemeinschaft mit Gott zu haben bedeutet, sich Tag und Nacht seiner Nähe bewußt zu sein. Überall erfüllt Gott meine Gedanken: im bewußten Gebet, im Nachsinnen über sein Wort, beim Zeugnisgeben, bei der Arbeit, in Mühsal oder Freude, in der Fabrik, im Büro, in der Familie oder auf der Straße. Ich stehe noch mit beiden Beinen auf der Erde und verrichte meine Arbeit sogar besser als zuvor. Alle meine Sinne sind völlig wach, aber das Licht des Angesichtes Gottes durchströmt mein ganzes Wesen.

7. Fürbitte

Hier erreichen wir nun den Höhepunkt des Gebetes. Gott möchte zwar, daß wir in seiner Nähe leben, aber nicht nur zu unserer eigenen Freude. Wir sollen uns der Millionen Menschen bewußt werden, für die Christus starb, und die noch immer in der Finsternis irren. Jesus sagt: »Also wird im Himmel mehr Freude sein über einen Sünder, der Buße tut, als über neunundneunzig Gerechte, die der Buße nicht bedürfen« (Lk 15, 7; Zürcher). Gottes größte Sehnsucht ist die Errettung dieser verlorenen Welt. Wenn wir in seine heilige Nähe vordringen, beginnen wir seinen unbeschreiblichen Kummer über die Menschheit zu verstehen. Seine Sorge liegt schwer auf unserem Herzen. Sie wird für uns zu einer qualvollen Last. Wir beginnen das Geheimnis von Golgatha zu verstehen. Wir leiden mit Gott, weil so viele überhaupt nichts von seinem wunderbaren Segen wissen, und wir beginnen, für sie zu beten.

Im Alten Testament berief Gott einen Mann zum Priester, den er dann zwischen sich und das Volk stellte. Der Priester ging mit dem Blut der Schlachtopfer ins Heiligtum, um für die Außenstehenden zu beten. Im Neuen Testament sind alle Gläubigen dazu berufen, Priester zu sein. Wir haben *alle* dieses wunderbare Recht, vor Gottes Angesicht zu treten, und wir sind *alle* dazu aufgerufen, für die Außenstehenden zu beten. Es ist für einen Menschen eine tiefe Freude, vor das Angesicht Gottes zu treten, um für einen verlorenen Menschen zu bitten. Diese Freude besteht darin, diesen Menschen in die Erkenntnis Gottes zu führen. Der Apostel Petrus sagt, daß wir »eine heilige Priesterschaft« sind (Petr 2, 5). Johannes berichtet, daß uns Christus zu Priestern für seinen Gott und Vater gemacht hat (Offb 1, 6).

Eines darfst du nicht vergessen: Als ein Kind Gottes hast du ständig direkten Zugang zum Angesicht Gottes durch das Blut Christi (Hebr 10, 19–22).

Die wahre Bedeutung des Gebetes

Wenn wir Gott näher kennenlernen, verstehen wir auch sein großes Verlangen, ganz im Mittelpunkt unseres Lebens zu stehen. Jesus sagt: »Trachtet aber *zuerst* nach dem Reich Gottes und nach seiner Gerechtigkeit, und dies alles wird euch hinzugefügt werden« (Mt 6, 33; Elberfelder). Wenn dir die Offenbarung von Gottes Angesicht mehr bedeutet als alles andere auf der Welt, dann gelangt dein Gebet zur Reife. Gott sagt: »Suchet *mein Angesicht!*« (Ps 27, 8; Elberfelder). Zu Martha sagte Christus: »*Eins* aber ist not« (Lk 10, 42). Und Paulus sagte: »Ich achte auch alles für Verlust um der unübertrefflichen Größe der Erkenntnis Christi Jesu, meines Herrn willen« (Phil 3, 8; Elberfelder). Diese Art des Gebetes führt uns aus dem Kindheitsstadium des Habenwollens von Dingen oder Erfahrungen zu einer Suche nach Gott selbst. Es wird zur Anbetung, zu einer ständigen Gemeinschaft, einem unaufhörlichen Zwiegespräch mit dem Ewigen. Das Gebet ist ein Zusammensein mit ihm. Wir spüren seine Nähe. Gott will jedes Gefühl des Entferntseins, jeden Zweifel oder jeden Mangel an Vertrauen beseitigen. Er möchte, daß wir »ein Herz und eine Seele«, wirklich eins mit ihm sind. Die meisten von uns würden es vernachlässigen, wenn wir ihn nicht dauernd um viele Dinge bitten müßten. Wir würden uns weit von der Innigkeit entfernen, die er mit uns sucht. Aber da wir uns ständig mit unseren verzweifelten Bitten an ihn wenden müssen, zieht er uns näher zu sich. Er möchte uns in eine immer tiefere Gemeinschaft mit sich bringen.

Am Anfang wollen wir eine bestimmte Sache und schließlich Gott selber haben. Wir möchten mit ihm innig vertraut sein, ganz ihm gehören. Unser Gebet gelangt vom Anfangsstadium zum Reifestadium, wenn dieser Wunsch zu einem Bedürfnis wird. Es wird dann zu einer Notwendigkeit, einem Erfordernis. Unser Verlangen nach Gott wird immer dringlicher. Gott fordert uns auf, im *Gebet* und im *Flehen* zu verharren (Eph 6, 18). Verharren bedeutet: das Ziel erreichen, bis zum Ende durchhalten, in Gottes Nähe gelangen. Jetzt kann uns Gott auch für andere gebrauchen.

Die Bedingungen für die Gebetserhörung

Das Neue Testament gibt uns klare Auskunft über die Bedingungen, unter denen Gott unsere Gebete erhört:

a) Die allgemeine Bedingung

Jesus verspricht, daß Gott uns hört und uns etwas gibt, wenn wir es in seinem Namen erbitten (z. B. in Joh 14, 13–14 und 16, 23–27). Aber was heißt das, etwas im Namen Jesu erbitten? Allzuoft glauben die Leute, es genüge, am Ende des Gebetes die Formel »in Jesu

Namen« oder »in Christi Namen« auszusprechen. Sie meinen, daß Gott ihr Gebet dann selbstverständlich erhören würde. In Jesu Namen zu beten, hat aber eine viel größere Bedeutung.

Um im Namen einer Person handeln zu können, mußt du mit ihr eng verbunden sein. Wenn ein Mädchen heiratet, nimmt es gewöhnlich den Namen des Mannes an. Es wird mit ihm gleichgestellt, weil es seinen Namen trägt. Es kann Briefe für ihn unterzeichnen, es lebt im selben Haus. Auch die Kinder tragen seinen Namen.

Etwas in Jesu Namen zu erbitten bedeutet, mit Jesus – seinen Gedanken, seinen Wünschen, seinen Zielen, seinem Willen – völlig eins zu werden. Du kannst deshalb seinen Namen benutzen, weil Gott selbst dich mit seinem Sohn gleichgestellt hat. Gott fordert von uns, daß unser Leben eng mit dem Leben Jesu verbunden sein soll. Dann können wir das Äußerste von ihm erbitten, denn Gott will die Wünsche seines Sohnes erfüllen. Der Geist Gottes macht die Wünsche Jesu zu unseren Anliegen und hilft selbst dabei, sie zu erfüllen. Ich vertrete nur noch seine Interessen, denn er will, daß wir ewig wirklich glücklich sind.

b) Die drei besonderen Bedingungen

Jesus lehrt seine Jünger ein »Gebetsschema« (Mt 6, 9–13), an dessen Anfang wir drei Bedingungen entdecken, die wir beachten müssen, wenn Gott unser Gebet ernst nehmen soll.

1. *»Dein Name werde geheiligt.«* Wie wir bereits gesehen haben, sollen wir unsere Sünden bekennen und uns Gott mit einem reinen Gewissen nähern.

2. *»Dein Reich komme.«* Dies ist ein Schritt des *Glaubens*. Wir sollen glauben, daß er tatsächlich alles ausführen wird, was er verspricht.

3. »*Dein Wille geschehe auf Erden wie im Himmel.*« Das ist die Verschmelzung zwischen seinem und unserem *Willen.* Wir sollen ihm von ganzem Herzen gehorchen.

Wir finden diese drei Bedingungen wieder in Hebräer 10, 19–22, wo uns Gott in seine Nähe ruft: a) »mit wahrhaftigem Herzen«, d. h. mit ganzem oder gehorsamem Herzen, b) »in völligem Glauben« und c) »besprengt in unsern Herzen und los von dem bösen Gewissen«.

Es fällt uns auf, daß diese drei Bedingungen für Gebetserhörung identisch sind mit den Bedingungen, die Gott für die Fülle seines Geistes verlangt: 1. *Buße,* die von dem Sündenbekenntnis begleitet wird, d. h. ein reines Gewissen. 2. *Gehorsam,* d. h. die Verschmelzung mit Gottes Willen. 3. *Glaube* an Christus – ein Glaube, der auch vorankommt.

Wir finden diese drei Regeln in der ganzen Bibel wieder, sogar in der Bedeutung der Opfergabe, die Mose angeordnet hatte. (Das Brandopfer wird vollständig Gott gegeben. Das Sündopfer reinigt das Gewissen von der Schuld. Im Dankopfer ergreift der Glaube Gottes Vergebung.) Dies ist nicht erstaunlich, da sich diese drei Regeln, wie ich bereits sagte, alle in einem Wort zusammenfassen lassen: Wahrer *Glaube,* der von einem schlechten Gewissen und einem bösen Willen gereinigt ist. Wenn wir eins sind mit Gott, hindert uns nichts mehr daran, von seinen Versprechen Besitz zu ergreifen. Das Gebet ist der Ausdruck eines solchen Glaubens.

Wird dir klar, daß dir der Himmel offensteht? An Jesu Kreuz wurde dir der Weg zu Gottes Angesicht geöffnet. Was hält dich noch zurück? Was hält dich davon ab, mit Gott bis zum Äußersten zu gehen?

Eine Zusatzbedingung für das Gruppengebet

Das Wort Gottes nennt für das gemeinsame Gebet eine weitere Bedingung. Jesus verspricht seinen Jüngern die Erhörung ihres gemeinsamen Gebetes, wenn sie vorher *übereinkommen.* Ihr Gebet wird erhört, wenn sie wirklich in Herz und Sache eins sind. Dieses Versprechen muß im Zusammenhang des ganzen Kapitels (Mt 18) gelesen werden. Jesus betont die Notwendigkeit, daß die Jünger untereinander eins sein müssen. Eine völlige Einheit der Gedanken und Lehren ist auf dieser Erde nicht möglich, aber Jesus spricht hier von einer Einheit des Herzens und der Absicht. »Wenn zwei von euch auf Erden darin übereinstimmen werden, irgendeine Sache zu erbitten, so wird sie ihnen zuteil werden von meinem Vater in den Himmeln« (Mt 18, 19; Zürcher). In dieser geistlichen Einheit offenbart sich die Gegenwart Jesu, und das Gebet wird erhört.

Wieviel Zeit sollten wir im Gebet verbringen?

Das Neue Testament überläßt uns die Entscheidung. Jeder einzelne muß die Form seines Gebetslebens mit Gott abstimmen. Ich erinnere mich jedoch, daß ich als junger Christ in meinem geistlichen Leben kaum Fortschritte machte, bis ich Gott ein Zehntel meiner Zeit gab. Das bedeutete knapp zweieinhalb Stunden pro Tag. Zuerst erschien es mir unmöglich, mir an einem Tag soviel Zeit zu nehmen. Aber ich wollte um jeden Preis Gott besser kennenlernen. Nach Monaten des Zögerns und des Kämpfens war ich in der Lage, mit Gott ein Übereinkommen zu treffen. Seit 40 Jahren hat Gott diese Übereinkunft gesegnet.

Ich bat Gott am Anfang, mir dreimal am Tag ein Treffen mit ihm zu gewähren: am frühen Morgen, am

Mittag und am Abend. Ich entdeckte in der Bibel, daß Daniel dies zu tun pflegte. Daniel war es sogar lieber, vor die Löwen geworfen zu werden, als diese Gewohnheit auch nur einen Monat lang aufzugeben (Dan 6, 8–16). So wie mein Körper drei Mahlzeiten am Tag benötigt, so benötigt auch meine Seele drei entsprechende Mahlzeiten. Ich fand auch, daß ein Zwölfstundentag ohne ein Treffen mit Gott zu lang sei. Ich wollte *Gott genügend Zeit geben, um zu mir sprechen zu können.*

Es fiel mir natürlich nicht leicht, drei lange Pausen in meinem Tagesablauf für Gott zu reservieren. Ich nahm mir deshalb im Laufe des Tages eine oder zwei Minuten hier oder zehn Minuten dort, um mein »Zehntel« zu vervollständigen. Aber diese Zeit wurde mir bald unbeschreiblich wertvoll. Dreimal am Tage vergaß ich die ganze Welt und richtete alle meine Gedanken auf Christus. Am Anfang hatte ich Schwierigkeiten, aber nach einigen Monaten wurden die Treffen mit Gott immer erfüllter. Nach und nach schenkte er mir eine sehr enge Gemeinschaft mit sich selbst. Meine Vertrautheit mit ihm wuchs so sehr, daß ich schließlich den ganzen Tag ohne Unterlaß betete – nicht nur in meiner freien Zeit, sondern auch während der schwersten geistigen Arbeit. Oft ging ich hinaus, um zu beten. Meine langsamen Spaziergänge wurden zu Spaziergängen mit Gott. Von diesen Erlebnissen hatte ich nicht nur einen körperlichen, sondern auch einen geistlichen Nutzen!

Beten bedeutet nicht unbedingt Reden. Es ist vielmehr ein geistlicher Zustand. Wir befinden uns ständig in Gemeinschaft mit Gott, so wie mit jemandem, den wir lieben. Zwei Verliebte müssen nicht die ganze Zeit reden, um sich gegenseitig von ihrer Liebe zu überzeugen. Das Wichtigste ist das Zusammensein. Gott möchte uns in diese besondere Beziehung zu sich bringen, wenn wir seine Nähe lieben und uns nach seinem Angesicht sehnen.

Das Neue Testament sagt nicht, wieviel Zeit wir Gott geben sollen. Diese Entscheidung ist uns überlassen. Aber wenn wir weise sind und Gott wirklich lieben, werden wir ihm soviel Zeit wie möglich geben. Zeit ist unser wichtigster Besitz, über den wir verfügen. Zeit ist viel wichtiger als Geld. Verlorenes Geld findest du manchmal wieder, aber eine verlorene Stunde oder Minute bekommst du nie zurück.

Im Alten Bund gab jeder fromme Jude Gott ein Zehntel seines Geldes und all seines Einkommens. Der Christ kann über sein Geld frei verfügen. Er wäre jedoch ein Tor, wenn er Gott weniger gäbe, denn alles, was wir Gott geben, wird in seinem Reich zu einem ewigen Schatz. Der weise Christ legt seinen ganzen Reichtum im Himmel an, um bei der Rückkehr Christi einen noch größeren Schatz zu empfangen. Auf dieser Erde verfügen wir über eine begrenzte Anzahl von Tagen und Minuten. Diese Zeit ist daher unschätzbar wertvoll. Wenn wir Gott unsere Zeit geben, ist das für uns die beste Anlagemöglichkeit, die wir haben. Die meisten Menschen verbringen heutzutage mindestens ein Zehntel ihrer Zeit vor dem Fernseher! Sollte ein Jünger Jesu Gott weniger geben?

Du bist ein Kind Gottes. Du bist frei. Gott behandelt dich nicht wie einen Sklaven. Aber sei klug, so klug wie möglich.

3.2 Die unerschöpfliche Entdeckung

Die zweite Disziplin: *Der Schatz des Wortes Gottes*

Als Jesus in der Wüste der gesamten Macht Satans gegenüberstand, schlug er ihn mit folgenden Worten in die Flucht: »Der Mensch lebt nicht vom Brot allein, sondern von einem jeglichen Wort, das durch den Mund Gottes geht« (Mt 4, 4).

Du hast auf dieser Erde nur ein Leben zu leben. Wie ich bereits sagte, ist deine Zeit unendlich wertvoll. Du tust gut daran, das Beste daraus zu machen. In einigen Jahren – wenn Christus nicht vorher wiederkommt – wirst du weder Augen zum Lesen noch ein Gehirn zum Denken oder Hände zum Schreiben haben. Das Buch des Predigers sagt: »Denk an deinen Schöpfer in deiner Jugend, *ehe* die bösen Tage kommen« (Pred 12, 1). Wenn du jetzt in deiner Jugend eine große Kenntnis Gottes durch sein Wort erlangst, dann wird dein ganzes folgendes Leben von Anfang an den richtigen Kurs gewinnen.

Die Denkweise dieser Welt steht in krassem Widerspruch zu den Gedanken Gottes. Die landläufigen Ideen und falschen Werte der Welt bedrängen uns von allen Seiten und hemmen unsere geistliche Entwicklung. Es ist nicht leicht, sie loszuwerden. Überall ist die Wahrheit mit der Lüge vermischt. Wir werden, ohne es zu merken, geprägt und beschmutzt durch die Dinge, die wir sehen, lesen und hören. An jedem Tag müssen wir gereinigt und zurechtgerückt werden. Unser Gewissen allein genügt nicht, um uns zu führen. Es ähnelt zwar der Kompaßnadel, die wohl nach Norden, aber nie zum wahren Norden zeigt. Magnetische Abweichungen müssen ständig durch die Seeschiffahrtskarte berichtigt werden. Genauso muß auch unser Gewissen andauernd durch das Wort Gottes berichtigt werden. Gott kennt unser Problem genug. Deshalb hat er die Bibel geschaffen. Er erklärt darin seine eigene Denkweise. Diese Erklärung ist sehr genau. Die Bibel ist in der Tat die einzige Quelle vollkommener Wahrheit, die wir besitzen.

Wie ist die Bibel zu uns gelangt?

Vom Anfang bis zum Ende behauptet die Bibel, das Wort Gottes zu sein. Gott benötigte mindestens 2000 Jahre, um es niederschreiben zu lassen, und er benutzte dazu mehr als 40 Schriftsteller mit verschiedenen Charakteren. Fast alle waren unterschiedlicher Herkunft und hatten keine Möglichkeit, einander kennenzulernen. Unter ihnen findet man Könige, Philosophen, Staatsmänner, Richter, Fischer, Bauern, Nomaden und Priester. Die Bibel umfaßt eine ganze Bibliothek von 66 Büchern von großer Bedeutung und geistlichem Reichtum.

Dennoch besitzt sie eine organische Einheit, vergleichbar einem menschlichen Körper in seiner Vielfalt. So wie der Körper vom Gehirn gelenkt und kontrolliert wird, so wurde auch dieses Buch ausschließlich von göttlicher Intelligenz eingegeben und überwacht. Die Bibel ist aus vielen Gründen das bemerkenswerteste Buch, das die Welt je gesehen hat.

Die erste Seite von 1. Mose ist schon Beweis genug für die göttliche Eingebung. Die in diesem Kapitel aufgeführten Ereignisse stimmen verblüffend genau mit den Grunderkenntnissen der heutigen Wissenschaft überein. Zum einen sind die erwähnten Fakten richtig. Dies erscheint fast unglaublich, wenn man den Schöpfungsbericht mit *allen* antiken Theorien der Weltentstehung vergleicht. Außerdem stimmt auch noch die zeitliche Reihenfolge, in der diese Fakten aufgezählt sind. Hinzu kommt, daß dieses Schriftstück mehrere tausend Jahre alt ist. Die Wahrscheinlichkeit, daß der Schreiber die Fakten in der richtigen Reihenfolge angab, lag bei 1 : 25 000 000 000 000 000 000 000!

(Ich möchte dies durch einen Vergleich verdeutlichen: Es ist, als ob ein Mann ein einziges schwarzes Sandkorn finden müßte, das in einem 1 Meter hohen Haufen weißen Sandes verborgen ist, der eine Oberfläche so groß wie ganz Rußland, Sibirien und fast ganz Europa bedeckt! Und er müßte es beim ersten Mal finden!)

Trotzdem hat er tatsächlich alle Einzelheiten richtig geordnet! Ich habe keine Scheu, einen Atheisten zu fragen, wie er sich das erklärt!

Am meisten beeindruckt vor allem die Glaubwürdigkeit, mit der sich die Bibel als das Wort Gottes darstellt. In jedem Land und in jeder Generation begegnet sie dem Menschen auf der Ebene seiner innersten Bedürfnisse. Wenn wir dieses Buch lesen, vernehmen wir die Stimme Gottes, die zu unserem Gewissen spricht. Die Bibel durchdringt die Tiefe unseres Herzens und hat die Macht, es in das Bildnis Gottes zu verwandeln.

Der Unterschied zwischen dem Lesen und dem Studieren der Bibel

Ich mache einen Unterschied zwischen dem *Lesen* und *Studieren* der Bibel. Es ist einfach nicht möglich, die Bibel ernsthaft zu studieren, ohne zuerst einmal ihren Inhalt zu kennen. Es ist so, als wolle man ein Buch über Einstein schreiben, ohne vorher sein Werk zu kennen. Zuallererst müssen wir mit dem gesamten Text der Schrift vertraut werden. Und dies erreicht man nur, wenn man sie liest. Es gibt keinen kürzeren Weg, um dieses Ziel zu erreichen.

Du kannst kein echtes Verständnis ihres Inhalts bekommen, wenn du sie mit zu großen Unterbrechungen oder zu bruchstückhaft liest oder sie gar ab und zu links liegen läßt. Wir müssen sie am Anfang mehrere Male *ganz durchlesen,* um einen vollständigen Überblick zu bekommen. Glücklicherweise handelt es sich um ein Buch, das ein Mensch sein Leben lang täglich lesen kann, ohne die Lust daran zu verlieren. Die Gesamtübersicht, die du durch dieses systematische Lesen erhältst, macht es dir möglich, tiefer in die Einzelheiten des Textes einzusteigen. Dies öffnet dir den Weg zu außerordentlich reichen Studien, die von bleibendem Wert sind.

Laß mich das erklären!

Dies kann ich am besten durch meine eigene persönliche Erfahrung tun. Gott begegnete mir, als ich knapp 18 Jahre alt war. Das erste Jahr meines neuen Lebens war wunderbar, aber bald verlor ich meine geistliche Kraft und Freude. Bis zu meinem 23. Lebensjahr wurde mein Leben immer leerer. Damals war ich kurz vor dem Verzweifeln. Niemand hatte mir gesagt, daß ich die Bibel systematisch lesen muß. Glücklicherweise las ich aber zu jener Zeit die Biographien mehrerer großer Männer Gottes, unter anderem von Hudson Taylor, Charles Studd und Robert Chapman. Das Leben dieser Männer machte auf mich einen tiefen Eindruck.

Ich bemerkte auch bei einigen Leuten, die ich kannte, und die Gott in außergewöhnlicher Weise gebrauchte, eine Lebensqualität, die sich weit vom Durchschnitt abhob. Das veranlaßte mich, das Geheimnis eines solchen Lebens zu suchen. Was mir am meisten an all diesen Menschen auffiel, war ihre Vertrautheit mit Gott. Sie hatten eine Gotteserkenntnis, die über meine Erfahrungen weit hinausging.

In den Biographien, die ich gelesen hatte, entdeckte ich, daß alle diese Gottesmänner ohne Ausnahme zwei Dinge gemeinsam hatten:

1) Sie führten ein *ausgeprägtes Gebetsleben,* denn sie begannen alle ihren Tag allein mit Gott.

2) Sie lasen *die Bibel einmal pro Jahr* ganz durch, wobei sie beide Testamente nebeneinander lasen. Nach einer Weile kam ich zu der Überzeugung, daß das

Geheimnis ihres inneren Wachstums in diesen beiden Punkten lag.

In jenem Jahr, als ich Gott ein Zehntel meiner Zeit gab, raffte ich meine ganze Selbstdisziplin zusammen und las die Bibel innerhalb eines Jahres durch. Ich legte die beiden Testamente nebeneinander und fing mit dem Schöpfungsbericht und dem Matthäusevangelium an. Ich habe diese Entscheidung nie bereut!

Zuerst fand ich diese Disziplin ziemlich hart. Aber nach einigen Monaten fiel es mir gar nicht mehr schwer. Ganz im Gegenteil, es wurde zu einer unaussprechlichen Freude. Gott begann sich mir in einer Art und Weise zu offenbaren, die man mit Worten nicht beschreiben kann. Es erschien mir wie der Frühling Gottes, der meine eigene Denkweise verwandelte. Das Licht seines Angesichtes durchströmte meine ganze Person. Ich war überwältigt von der Offenbarung seiner Liebe.

Als ich das erste Mal die Bibel ganz durchlas, mußte ich zugeben, daß viele Dinge weit über mein Begriffsvermögen hinausgingen. Einige Textstellen erstaunten oder schockierten mich sogar. In jedem Fall legte ich jedesmal diese Dinge Gott im Gebet hin und las beharrlich weiter. Beim zweiten und dritten Mal bekam ich eine wertvolle Übersicht über das ganze Buch, und eine große Anzahl der Schwierigkeiten verschwand. Mit jedem weiteren Jahr wurden die Gedanken, die mir früher unverständlich geblieben waren, zunehmend klarer und wundervoller.

Nachdem ich die Bibel mehrmals durchgelesen hatte, begann ich in Gottes Gedanken ein positives Schema zu entdecken, eine Reihenfolge in seiner Offenbarung. Ich konnte jetzt die Entwicklung seines Planes vom Anfang bis zum Ende der Zeit verfolgen. Ich vollzog seine Absichten in der Geschichte der Völker nach, vor allem in der Geschichte Israels und der Kirche.

Ich entdeckte ein neues Universum: das Reich Gottes.

Ich konnte jetzt die Dinge von Gottes Standpunkt aus betrachten. Die Bibel wurde für mich zu einem außergewöhnlichen Buch. Es kam mir vor, als bestiege ich einen sehr hohen Berg. Jeden Monat erklomm ich einen neuen Gipfel, von dem aus ich einen Überblick über den gesamten Kosmos einschließlich der unsichtbaren Welt bekam. Alles lag vor meinen Augen. Ich konnte sehen, wohin die verschiedenen Wege führten. Das Durcheinander in der Welt erschien verhältnismäßig unbedeutend. Die Völker mit ihren Ideologien und Streitereien kamen mir im Vergleich zur Größe Gottes wie Ameisen vor. Diese Sicht entwickelte sich immer weiter. Sie gab mir eine innere Ruhe, weil mir bewußt wurde, wie nahe mir Gott auch inmitten der täglichen Probleme war, sogar in Kriegszeiten und in der schlimmsten Not.

Außerdem ermöglichte mir dieser Überblick über das Wort Gottes, seine verschiedenen Abschnitte in ihrem eigentlichen Zusammenhang zu sehen. Die Lehren erklärten sich durch die Schrift selbst. Die Vielseitigkeit der Sünde wurde mir deutlich offenbar. Mein Glaube nahm ständig an Kraft und Reichtum zu. Die unbeschreibliche Schönheit Christi leuchtete vor mir auf. Gott brachte in meinem Denken eine Menge von Wahrheiten in Einklang, die mir vorher verwirrend oder gar widersprüchlich erschienen waren. Das Leben und das ganze Universum gewannen für mich eine tiefere Bedeutung. Ich wünsche von ganzem Herzen, daß du dir einen solchen Segen nicht entgehen läßt. Ich habe diese Dinge so sehr hervorgehoben, weil ich ihre Bedeutung kenne. Schon vielen habe ich diesen Weg empfohlen und bisher niemanden getroffen, der es bedauert hätte, auf diese Weise Gott gesucht und die Bibel gelesen zu haben. Im Gegenteil, ich kenne eine Menge Menschen, die jetzt genau dasselbe tun, und alle erzählen mir, daß es ihr Leben verwandelt hat.

Warum die Bibel lesen?

Dafür gibt es fünf Gründe:

1. *Lies sie aus reiner Freude*
Geh freudig und vergnügt an die Bibel heran. Es ist ein beinahe unglaubliches geistliches Abenteuer: die Geschichte des Schöpfers auf der Suche nach dem Menschen. Ich würde sogar sagen, daß die Bibel der Liebesbrief ist, in dem er dir ganz persönlich seine Liebe erklärt. Die Bibel zu lesen bedeutet, sich jeden Tag mit Gott auf ein neues Abenteuer einzulassen. Du erforschst die phantastische Landschaft seines Reiches und wirst dafür unendlich belohnt.

2. *Lies die Bibel, um Gott kennenzulernen*
Die Bibel will Gott offenbaren. Wir lesen deshalb nicht in ihr, um eine bloß verstandesmäßige Kenntnis von ihrem Inhalt zu bekommen, obwohl auch dies von unschätzbarem Wert ist. Vielmehr lesen wir sie, um ihren Verfasser kennenzulernen. Die Bibel ist der Weg, der uns zum wahren Gott führt. Denn *nur* durch die Bibel können wir Jesus Christus kennenlernen. Wenn du die Bibel liest und zu Gott flehst, er möge sich dir offenbaren, so wird sie zu einem Spiegel, in dem du sein Angesicht siehst.

Wenn du sie nur mit dem Verstand und nicht auch mit persönlichem Betroffensein liest, also nur wie eine intellektuelle Studie, dann wirst du daraus nichts für dein Leben gewinnen, denn der Verstand allein kann Gott nicht erreichen.

Die entgegengesetzte Einstellung ist aber genauso falsch. Ich meine damit jene, die sich weigern, beim Studium des Wortes Gottes den ganzen Verstand und alle Hilfsmittel zu benutzen, die Gott uns zur Verfügung gestellt hat. Wenn Gott dir einen Verstand gegeben hat, dann sollst du ihn auch gebrauchen. Gott will aus dir einen ganzheitlichen und ausgeglichenen Menschen machen.

3. *Lies die Bibel, um deine Seele zu ernähren*
Dein Körper braucht eine regelmäßige und ausgewogene Ernährung. Es versteht sich von selbst, daß das vielleicht in noch größerem Maße für unser geistliches Leben zutrifft. Es gibt viele Christen, die ein unbefriedigendes geistliches Leben führen, weil sie das Wort Gottes vernachlässigen. Sie sind »unterernährt«. Wenn du ein schlechter Esser bist, wirst du unweigerlich geschwächt. So wie der Körper drei gute Mahlzeiten pro Tag braucht – morgens, mittags und abends –, so braucht auch deine Seele regelmäßig das Brot des Lebens. »Geistliche Diät« schadet!

4. *Lies die Bibel, um dein Gebetsleben aufrechtzuerhalten*
Das Gebet und das Wort Gottes gehören zusammen. Sie sind wie zwei Drähte eines Telefonkabels, die es uns ermöglichen, Gott zuzuhören und zu ihm zu sprechen. Das geistliche Leben sollte ein Zwiegespräch mit Gott sein. Je mehr wir auf die Stimme Gottes hören und je mehr wir die Dinge begreifen, die er uns offenbaren will, um so mehr wird unser Gebet vom Glauben durchdrungen und bestimmt. Sein Geist wendet unser Herz den Dingen Gottes zu, und unser Geist wird daraufhin immer wirksamer. Der Christ, der die Bibel vernachlässigt, wird feststellen, daß sein Gebetsleben immer mehr abnimmt und schließlich ganz abstirbt. Wir müssen aufmerksam auf Gottes Stimme werden. Gott sehnt sich danach, daß unsere Herzen sich für ihn öffnen.

5. *Lies die Bibel, um deinen Glauben zu stärken*

Glaube kommt durch das Wort Christi (Röm 10, 17). Die Bibel ist die Quelle deines Glaubens. Der Glaube, den du jetzt hast, wurde durch die Schrift in dir gewirkt. Wenn du willst, daß Gott ihn entwickelt, so mußt du tief aus diesem geistlichen Brunnen schöpfen. Unser Glaube wird erst wirksam, wenn wir auf das Wort Gottes vertrauen. Die Bibel ist der Felsen, auf dem unser Glaube ruht. All unsere Kenntnis von Christus haben wir ihr entnommen. Je besser wir Gottes Wort kennen, desto klarer werden wir seinen Willen erkennen und ihm vertrauen können.

Die beste Art, die Bibel zu lesen

1. *Lies die Bibel unter Gebet*

»Der natürliche Mensch aber vernimmt nichts vom Geist Gottes; es ist ihm eine Torheit, und er kann es nicht erkennen; denn es muß geistlich verstanden sein« (1 Kor 2, 14). Es ist daher Torheit, sich dem Wort Gottes allein mit dem Verstand zu nähern. Wir sind abhängig vom Heiligen Geist, dem Urheber dieses Buches, der uns den Sinn des Wortes Gottes aufschließt. Wir müssen um Gottes Hilfe bitten, wenn wir die Bedeutung der Worte verstehen wollen. Aber Gott läßt die nicht im Stich, die sich ihm aufrichtig, in Demut und Vertrauen nähern und ihn um den Heiligen Geist bitten.

2. *Lies die Bibel jeden Tag*

Gott sagte zu Josua: »Laß das Buch dieses Gesetzes nicht von deinem Munde kommen, sondern betrachte es Tag und Nacht, daß du hältst und tust in allen Dingen nach dem, was darin geschrieben steht. Dann wird es dir auf deinen Wegen gelingen, und du wirst es recht ausrichten« (Jos 1, 8). Und Josua handelte danach und war erfolgreich in seinem Tun. Den Königen Israels befahl Mose, eine Abschrift des Gesetzes anzufertigen und sie *jeden Tag* ihres Lebens zu lesen (5 Mose 17, 18–19). Die Könige, die danach handelten, waren wirklich erfolgreich, wie z. B. David. Gott sagte auch: »Wohl dem, der . . . Lust (hat) am Gesetz des Herrn und sinnt über seinem Gesetz Tag und Nacht! Der ist wie ein Baum, gepflanzt an den Wasserbächen, der seine Frucht bringt zu seiner Zeit, und seine Blätter verwelken nicht. Und was er macht, das gerät wohl. Aber so sind die Gottlosen nicht, sondern wie Spreu, die der Wind verstreut« (Ps 1, 1–4).

Die großen Männer Gottes ließen keinen Tag verstreichen, ohne die Bibel zu lesen.

3. *Lies das ganze Wort Gottes*

Alle Streitereien und Irrlehren beruhen auf einzelnen Textstellen, die aus ihrem Zusammenhang herausgerissen wurden, ohne die Bedeutung des Gesamttextes der Bibel zu berücksichtigen. Menschen, die so mit der Bibel umgehen, können ihren Sinn in jede beliebige Richtung verdrehen. So verfuhr auch Satan, als er bei der Versuchung des Herrn Jesus in der Wüste die Schrift zitierte. Es ist sehr gefährlich, wenn du dich auf Teile der Bibel beschränkst. Sagte nicht Jesus, daß der Mensch *von jedem Wort lebt,* das aus dem Munde Gottes hervorgeht (Mt 4, 4)? Es sollte deshalb dein Ziel sein, das Wort vom Anfang bis zum Ende bestens zu kennen.

Die Bibel enthält die vollständige Offenbarung Gottes. Wenn du dich deshalb nur mit einzelnen Ausschnitten daraus zufriedengibst, legst du dir gefährliche Fesseln an. Denk einmal an die vielen verfolgten Gläubigen in anderen Ländern, die alles geben würden, um eine Bibel zu besitzen! Und wir, die wir sie tatsächlich besitzen, finden sie allzuoft langweilig. Das große Vorrecht, zu diesem Schatz Zugang zu haben, macht uns in Gottes Augen um so verantwortlicher.

Wenn wir die Bibel ganz lesen, kommen wir in den Wirkungsbereich des Geistes Gottes. Er kann uns so alle Dinge lehren, wie Jesus es versprach (Joh 16, 13). Er kann uns jeden Tag zurechtweisen, erleuchten und uns tiefer in die Wahrheit führen. Er verfügt über Mittel, uns vor dem Teufel, der Welt und dem Fleisch zu schützen. Und nach und nach macht er uns Gottes Geheimnisse zugänglich.

4. *Fang mit dem Neuen Testament an*

Ich rate dir, das Alte Testament bis später beiseite zu lassen und *zuerst* all deine Aufmerksamkeit auf das Neue Testament zu konzentrieren. Dafür gibt es zwei Gründe:

a) Der Inhalt des Neuen Testamentes ist grundlegend und von unmittelbarer und lebenswichtiger Bedeutung für den Jünger Christi, denn es enthält die Worte Jesu und seiner Apostel, die ihn kannten. Die Teile der Bibel, die die Lehre Jesu, sein Leben, seinen Tod und seine Auferstehung umfassen, sind sicherlich die wichtigsten der ganzen Schrift. Jesus selbst mahnt uns, auf seine Lehre zu hören, d. h. für uns, die vier Evangelien zu lesen (Mt 7, 24–27; 28, 20).

b) Das Alte Testament, das genauso von Gott eingegeben und für uns wichtig ist, betrifft vor allem Israel. Es ist schwierig, seine volle Bedeutung zu erfassen, wenn wir uns nicht vorher einige Kenntnisse des Neuen Testaments angeeignet haben. In diesem Fall wird es sofort verständlicher, interessanter und unendlich lohnenswert. Ich empfehle dir deshalb, zuerst das ganze Neue Testament zwei- oder dreimal durchzulesen, bevor du mit dem Alten Testament beginnst.

5. Sodann lies die beiden Testamente nebeneinander

Ich schlage vor, mit dem Schöpfungsbericht und dem Matthäusevangelium gleichzeitig zu beginnen und jeden Tag in beiden Berichten weiterzulesen. Diese Methode bietet große Vorteile. Aber vor allem erlangst du auf diese Weise eine *ausgewogene* geistliche Nahrung. Ich vergleiche das Neue Testament oft mit einem Beefsteak und das Alte Testament mit dem Gemüse. Sie sind beide notwendig und ergänzen einander, aber die Proteine haben eine größere Bedeutung für den Aufbau des Gewebes und der Zellen. Das Neue Testament enthält sozusagen die geistlichen »Proteine«, die für deine Gesundheit und ein schnelles Wachstum unerläßlich sind. Du solltest keinen Tag vorübergehen lassen, ohne das Neue Testament zu studieren. Wenn du die beiden Testamente parallel liest, vermeidest du eine geistliche »Verdauungsstörung« und Unfruchtbarkeit und Müdigkeit, die einige Bibelleser überkommt. So kannst du deinen Appetit aufrechterhalten. Du vermeidest das Risiko, dir ein »geistliches Steckenpferd« zuzulegen, wodurch du andere Wahrheiten, die ebenso wichtig sind, unberücksichtigt läßt.

6. Lies fortlaufend

Niemand kann eine Sprache oder Wissenschaft beherrschen, wenn er sie willkürlich und ohne Methode studiert. Wenn ich heute damit anfange, ein Buch auf Seite 179 zu lesen, morgen auf Seite 3 zurückblättere, um einen Tag darauf Seite 65 und später vielleicht Seite 200 aufzuschlagen, wie sollte ich da jemals sein Thema in den Griff bekommen? Meine Kenntnis wird immer bruchstückhaft und zusammenhanglos bleiben. Wahrscheinlich wird sie sogar gefährlich falsch sein. Wie viele Christen gehen so an die Bibel heran! Man fordert auf diese Weise Probleme geradezu heraus.

In der Bibel finden wir eine Reihenfolge von Gedanken, die nicht nur zeitlich, sondern auch geistlich geordnet sind. Diese Gedankenkette beginnt mit der Schöpfung des Menschen und findet im großen Tag des Gerichts und in der neuen Schöpfung ihren Höhepunkt. Wer die Bibel in ihrer Gesamtheit kennt, kann sie auch in ihren Einzelheiten richtig verstehen. So eine Übersichtskenntnis bewahrt uns vor geistlichem Ungleichgewicht und vor Ungenauigkeit und Übertreibung. Sie bewahrt uns vor jenen verhängnisvollen Irrtümern, die das Werk Gottes auf der ganzen Welt spalten und schwächen.

Du brauchst ein Ziel

Wenn du kein klar umrissenes Ziel hast, wirst du irgendwann entmutigt aufgeben. Das Lesen der Bibel und das Gebet werden dir schwerfallen und Unfruchtbarkeit ist die Folge. Du wirst den Faden verlieren. Der tiefere Sinn der Bibel wird dir entgehen, und was noch schlimmer ist: Die Dinge dieser Welt werden dein Sehnen nach Gott erdrücken. Allzu spät wirst du entdecken, wie schwierig es ist, deine erste Liebe wiederzuerlangen, wenn du sie erst einmal verloren hast. Es ist schon möglich, sie wiederzuerlangen – aber zu welch einem Preis! Wenn du dagegen dein ganzes Leben Gott auslieferst und geduldig ausharrst, wird er dich auf den richtigen Weg führen und deinen geistlichen Blick ungetrübt erhalten.

Dein erstes Ziel: das ganze Neue Testament

Ich empfehle dir deshalb, zuallererst das ganze Neue Testament durchzulesen! Wenn du jeden Tag im Durchschnitt drei Kapitel liest, wirst du das Ziel in drei

Monaten erreicht haben. Ein Kapitel am Morgen, eins am Mittag und eins am Abend (oder so, wie Gott es dir zeigt) – das wird dich den ganzen Tag in guter Form halten und dein Herz mit reichhaltigem Material zum Nachdenken füllen. Du wirst über dein geistliches Wachstum erstaunt sein.

Danach rate ich dir, das gleiche Experiment zu *wiederholen*! Auf diese Weise wirst du in sechs Monaten das ganze Neue Testament zweimal durchgelesen haben. Dann bist du schon ganz gut ausgerüstet, um mit einer Unzahl von Problemen und Schwierigkeiten fertigzuwerden und den Leuten überzeugende Antworten auf ihre Fragen zu geben.

Das zweite Ziel: die Bibel in einem Jahr

Das nächste Ziel ist, *die ganze Bibel in einem Jahr* durchzulesen, wobei du die beiden Testamente nebeneinander und fortlaufend liest.

Wenn du nicht gezielt und planmäßig liest, wird es dir sehr schwerfallen oder sogar unmöglich werden, eine Gesamtübersicht über die Schrift zu bekommen, die doch für das Verständnis ihres tiefen Sinnes notwendig ist.

Als ich meine Bibel systematisch zu lesen begann, rechnete ich aus, daß ich *drei bis vier Kapitel pro Tag* lesen müßte: drei Kapitel im Alten und ein Kapitel im Neuen Testament. Ich stellte voll Erstaunen fest, daß beinahe jeder Mensch ein Kapitel mittlerer Länge in fünf Minuten lesen kann. Das bedeutet, daß du bei *zwanzig Minuten täglich* die ganze Bibel in einem Jahr durchlesen kannst. Zeige mir den Menschen, der das nicht kann!

Ich hatte beschlossen, Gott ein Zehntel meiner Zeit zu geben. So standen mir nicht nur zwanzig oder dreißig Minuten fürs Lesen, sondern *weitere zwei Stunden zum Nachdenken, Textstudium und Gebet* zur Verfügung.

Den größten Teil dieser Zeit verbrachte ich an der frischen Luft, denn auch der Herr Jesus ging, als er auf der Erde war, zum Beten oft in die freie Natur. Dies öffnete mir die Tür zu ungeahnten Möglichkeiten.

Ist das zu schwierig?

Ich weiß sehr gut, daß das Ziel, das ich dir gesetzt habe, nicht einfach zu erreichen ist. Es ist, menschlich gesehen, sogar unmöglich. Der Teufel setzt alles daran, um Jesus Christus aus dem Leben der Menschen fernzuhalten. Alles ist gegen dich. Ich sage das aus eigener Erfahrung. Mein ganzes Leben hindurch mußte ich um die Zeit für Gott kämpfen: zwischen zwei Unterrichtsstunden, im Bus, im Zug oder im Café, vor oder nach einer Mahlzeit, manchmal während des Essens, auf der Straße, oder, wenn dies nicht anders möglich war, indem ich früher aufstand oder später zu Bett ging. Wenn du verliebt bist, wird dir immer etwas einfallen, um Zeit für ein Treffen mit der Person zu finden, die du liebst. Wenn du von der Liebe zu Gott ergriffen bist, wirst du auch auf die eine oder andere Weise Zeit finden, um mit ihm zusammenzusein. Wer könnte nicht eine halbe Stunde opfern, um die ewigen Wahrheiten der Bibel zu lesen?

Bitte Gott, dir ein Ziel zu setzen. Wenn du diesen Vorschlägen wirklich nicht folgen kannst, dann bitte Gott, daß er dir ein anderes Ziel gibt. Er muß selbst über den Gebrauch unserer Zeit entscheiden, und dies tut er mit liebevoller Güte. Gott weiß, was du brauchst. Er kennt deine Grenzen und deine Fähigkeiten. Er kennt deine Situation. Gott versucht nicht, dich zu zerstören oder auszubeuten. Er ist dein zärtlicher und mitfühlender Vater, und er möchte, daß du wirklich glücklich bist. Du bist frei. Das Neue Testament stellt keine Regeln auf für die Verwendung unserer Zeit. Aber laß es dir ernst sein. Dein Leben fließt dahin. Es zerrinnt dir unter den Händen, auch jetzt, wo du diese Zeilen liest. Und du hast nur ein Leben zu leben.

Wenn du es wirklich nicht allein schaffst: Es gibt verschiedene Bibellesehilfen. So bietet z. B. der Bibellesebund (Höfel Nr. 6, 5277 Marienheide 1) einfache Bibellektüren mit ausgezeichneten Erklärungen an. Besonders für Kinder und »Anfänger« eignen sie sich sehr gut. Wenn du jedoch mit Gott vorankommen willst, dann brauchst du mehr. Und nichts kann die fortlaufende Lektüre der Schrift ersetzen. Es ist durchaus möglich, solche Bibellesehilfen und die in diesem Buch vorgeschlagene Methode nebeneinander zu verwenden.

Rechne ein wenig!

Einige sagten mir: »Was du da vorschlägst, ist wirklich unmöglich zu erreichen. Du erwartest viel zuviel! Wozu denn die Bibel in einem Jahr durchlesen? Das können vielleicht einige Intellektuelle schaffen oder Leute, die viel Zeit haben. Ich lese meine Bibel in fünf Jahren durch, und ich finde, das reicht!«

Darauf antworte ich: »Ja, das ist gar nicht übel, die Bibel in fünf Jahren einmal durchzulesen. Aber laß uns mal ein wenig rechnen! Angenommen, du bist 20 Jahre alt und gerade Gott begegnet. Wenn du für die ganze Bibel fünf Jahre brauchst, dann heißt das, daß du sie im Alter von fünfundzwanzig Jahren einmal durchgelesen hast. Aber nur einmal! Das ist schon ganz gut, aber denk mal nach! Im Alter von fünfundzwanzig Jahren bist du ein Mensch, der mit voll entwickelten Fähigkeiten auf dem Höhepunkt seiner Kraft steht. Du solltest an der Spitze der neuen Generation stehen. Du solltest ein Mensch sein, der die Dinge durchschaut, der richtige Antworten geben und das Wahre vom Irrtum unterscheiden kann. Auch solltest du die Jugendlichen leiten können, die um dich herum aufwachsen. Und doch hast du die Bibel nur einmal gelesen. Du bist kaum ein Anfänger in den Dingen Gottes. Du bist noch in Gottes Kindergarten. Im Alter von 30 Jahren hast du vielleicht zwei oder drei Kinder. Das älteste hat schon angefangen, dir eine Menge Fragen zu stellen und einigen Kummer zu bereiten. Dein Heim wird von Problemen überflutet, welche deine Kinder von der Schule und von der Straße mit nach Hause bringen. In deiner Gemeinde werden junge Menschen sein, die jemanden brauchen, der ihre Probleme versteht und ihrem Rebellionsgeist und ihren Fragen mit göttlicher Weisheit begegnen kann. Aber du hast die Bibel erst zweimal gelesen. Du befindest dich noch in der Grundschule Gottes. Du bist kaum aus dem Kindergarten heraus. Und doch stehst du mit 30 Jahren auf dem Gipfel deiner Lebenskraft und bist zweifelsohne zur Reife gelangt, außer in den Dingen, die Gott betreffen.

Im Alter von 40 Jahren erwartet man von dir, daß du die ganze Bürde der Welt auf deinen Schultern trägst, auch die deiner Familie und der Gemeinde mit ihren Problemen. Dies ist das Alter, in welchem man sein Meisterstück vollenden sollte. Aber du hast die Bibel nur viermal gelesen. Du bist geistlich gesehen ein Heranwachsender, vielleicht sogar etwas zurückgeblieben, weil du so langsam gelesen hast. Du bist immer noch kärglich ausgerüstet. Du hast keine wirklich befriedigenden Antworten auf die beängstigenden Probleme der neuen Generation, die jetzt zur Reife gelangt. Statt selbst der Führer einer Tausendschaft in der Armee Christi zu sein, bildest du das Schlußlicht.

Im Alter von 60 Jahren hast du die Bibel nur achtmal gelesen. Du wirst im geistlichen Sinne kaum mündig sein. Du hast so langsam gelesen, daß du jedesmal, bevor du weitermachst, bereits wieder einen Großteil vergessen hast. Ein Sechzigjähriger sollte ein Gemeindeältester, ein weiser Mann sein, der alle Antworten kennt. Ein Mensch also, der einen tiefgründigen Unterricht erteilen und den Problemen der Vierzigjährigen und auch der jungen Generation mit Weisheit begegnen kann. Es besteht heute ein entsetzlicher Mangel an solchen Menschen, weil ihnen in jungen Jahren niemand gesagt hat, daß sie Gott genügend Zeit geben müssen, um sein Wort kennenzulernen. Soviel zur »gemütlichen Gangart«. Laß uns jetzt einmal das schnellere Marschtempo betrachten: Wenn du die Bibel in ungefähr einem Jahr liest, so bedeutet dies, daß du sie im Alter von 30 Jahren bereits zehnmal gelesen hast! Du verfügst bereits über eine tiefe Kenntnis der Dinge Gottes. Du bist bereits von seinem ganzen Gedankenreichtum durchdrungen. Du besitzt eine erstaunliche Kraft und bist ein Mann Gottes. Dann, im Alter von vierzig Jahren, hast du die Bibel bereits zwanzigmal gelesen. Du bist ein weiser Mann. Du hast eine kraftvolle Botschaft für die heranwachsende Generation. Für deine Kinder bist du eine Quelle der Offenbarung und eine Säule für deine Gemeinde. Und wenn du das Alter von sechzig Jahren erreichst, hast du die Bibel vierzigmal durchgelesen! Du verkündigst eine unschätzbare und atemberaubende Botschaft für jung und alt. Du hast einen unerschöpflichen Reichtum an Wahrheit weiterzugeben. Anstatt im hohen Alter tragisch vergessen zu werden, sucht man dich von allen Seiten wegen des göttlichen Lichts, das du in grundlegende und aktuelle Fragen bringen kannst. Oh, mein Bruder, meine Schwester, ich möchte in dir das Verlangen nach Gott wecken, damit er aus dir einen von ihm geprägten Menschen machen kann! Du wirst ihm in alle Ewigkeit ohne Unterlaß dafür danken!

Bibelstudium entsteht durch Bibellesen

Ich habe bereits gesagt, daß du erst die Bibel *studieren* kannst, wenn du sie gelesen hast und weißt, worum es geht. Wenn du erst einmal eine gründliche Kenntnis des Textes erworben hast, dann kannst du ihn auch eingehender *erforschen*. Ein solches Studium wird außerordentlich lohnend und erstaunlich lehrreich sein, denn der Geist Gottes verknüpft die zahlreichen Wahrheiten und Tatsachen der Schrift in deinem Geist. Ohne die Kenntnis des gesamten Textes hinderst du den Geist Gottes am vollen Gebrauch seines Schwertes, dem Wort Gottes (Eph 6, 17). Du beschränkst ihn in seiner Offenbarung des Christus.

Es gibt viele Arten, die Bibel zu studieren. Jeder Gläubige muß die für ihn beste Methode herausfinden. Aber er sollte *alle* Mittel benutzen, die ihm Gott zur Verfügung stellt. Erst danach kann er seine eigene Methode bestimmen.

Es gilt jedoch, gewisse Grundregeln zu beachten. Ich halte sie für jeden Jünger Christi für unentbehrlich. Sobald du diese Regeln beherrschst, kannst du auf ihnen nach deinen persönlichen Bedürfnissen weiterbauen.

Du *liest* die Bibel, um den Inhalt der ganzen Schrift, den tatsächlichen Text *kennenzulernen*. Dagegen hat dein *Studium* das Ziel, den Text zu *verstehen*. Und das ist eine Lebensaufgabe! Mit achtzig Jahren lernst du immer noch mit dem Vergnügen eines Kleinkindes!

Der Geist Gottes erleuchtet deinen Verstand. Es ist deshalb absolut notwendig, sich dem Wort in einer Haftung des Gebetes und in aufrichtiger Demut zu nähern. »Denn Gott widersteht den Hochmütigen, den Demütigen aber gibt er Gnade« (1 Petr 5, 5; Zürcher). Wir müssen unseren Verstand für die Wahrheit Gottes öffnen und *ständig bereit sein, uns von ihr zurechtweisen zu lassen*. »Wer Zucht verwirft, der macht sich selbst zunichte; wer sich aber etwas sagen läßt, der wird klug« (Spr 15, 32; siehe auch Spr 10, 17; 12, 1.15; 13, 1.10.13. 18.24; 17, 10; 19, 20; 23, 12).

Einige praktische Vorschläge für das Studium

Wenn du dein Neues Testament oder deine Bibel zum zweiten oder dritten Mal durchliest, wirst du mit Erstaunen feststellen, wie viele Textstellen du vergessen hast. Obwohl Gott an der einen oder anderen Stelle und zu unterschiedlichen Zeiten zu dir gesprochen hat, hast du doch allzu häufig seine wertvollen Gedanken verloren. Sie sind aus deinem Gedächtnis verschwunden. Deshalb ist es eine gute Idee, einen Bleistift bei sich zu haben und die Textstellen zu unterstreichen oder zu kennzeichnen, in denen Gott zu dir spricht. Dann kannst du sie nicht nur leichter wiederfinden, sondern sie werden auch durch diese Kennzeichnung besser in deinem Gedächtnis festgehalten. Wenn du sie das nächste Mal liest, springen sie dir sofort ins Auge. Nachdem ich die Bibel auf diese Weise ein oder zwei Jahre gelesen hatte, stellte ich fest, daß eine große Anzahl wertvoller Textstellen in mein Denken eingewoben worden waren. Sie waren jetzt mein Besitz geworden. *Ich stellte mit Erstaunen fest, daß Gott anfing, durch mein Gehirn hindurch zu denken!* Den ganzen Tag war meine Seele von dem Licht seines Angesichtes durchflutet. Seine Offenbarung blieb in mir wach, selbst mitten in der täglichen Arbeit. Der Geist Gottes baute in meinem Geist eine tiefe Kenntnis Gottes, eine Vorstellung von Christus, die mein Leben zu verändern begann.

Du wirst sehr bald *eine gute Bibel* benötigen, die leserlich gedruckt und gut gebunden ist, möglichst mit breitem Rand, damit du nach Belieben Notizen machen kannst. Es ist eine gute Sache, auch eine Bibel in

Taschenformat zu besitzen, die du überallhin mitnehmen kannst. Zum besseren Verständnis des geographischen und geschichtlichen Hintergrundes brauchst du auch einen guten *Bibelatlas* und ein gutes *Bibellexikon*. Durch das Lexikon kannst du schnell die Information bekommen, die du über den Namen einer Person, die Geschichte eines Landes oder eine Ortschaft suchst. Dies wird dir helfen, unverständliche Stellen in der Bibel zu verstehen, oder Begriffe zu erklären, die dir Schwierigkeiten bereiten. Diese und ähnliche Bücher sind teuer, aber sie sind das Geld wert, weil du sie jahrelang, wenn nicht sogar ein Leben lang, benutzen kannst. Sie sind eine echte Fundgrube für Informationen über die Bibel. Eine gute Kenntnis der Geschichte und der Geographie der Bibel ist sehr nützlich. Achte aber darauf, daß diese *Hilfen* nicht den Platz des Heiligen Geistes in deinem Studium einnehmen. Das wichtigste Ziel muß es sein, *Gott persönlich* von Angesicht zu Angesicht kennenzulernen, und nur sein Geist kann dir diese Offenbarung bringen.

Das Hintergrundwissen, das du erwirbst, macht dein Studium interessanter und wird oft neues, wertvolles Licht auf den Text selbst werfen. Wenn du z. B. die soziale und internationale Situation erkennst, in der Jesaja lebte und arbeitete, dann wirst du über seine Schau und seine Botschaft völlig verblüfft sein. Dies trifft für die Arbeit aller Propheten und auch der Apostel im Neuen Testament genauso zu. Wir erkennen, daß ihre Botschaft außerordentlich aktuell ist und ganz auf unsere zeitgenössische Situation zutrifft!

Nachdem du die ganze Bibel zwei- oder dreimal durchgelesen hast, wirst du sicherlich die Notwendigkeit verspüren, deine Entdeckungen zu ordnen. Die Bibel behandelt eine Menge Themen. Ich persönlich gebrauche ein Farbsystem, mit dem ich in meiner Bibel bestimmte Themen kennzeichne. Ich habe zu diesem

Zweck immer ein Sortiment Farbstifte bei mir. Für jedes größere Thema gebrauche ich eine bestimmte Farbe. Dadurch kann ich in meinem Geist alles ordnen, was die ganze Bibel über ein bestimmtes Thema lehrt. Ich erwähne hier meine Methode, mit der ich einige der Hauptthemen hervorhebe, um dir eine Vorstellung davon zu geben, wie man es machen kann. Du mußt sie natürlich nicht genauso übernehmen. Vielmehr solltest du ein System ausarbeiten, das deinen Wünschen entspricht.

Gelb: die Wiederkunft Christi, die Wiederherstellung Israels, die Entrückung der Gemeinde, das Königreich Christi, der Himmel

Orange: Züchtigung, Gericht, Hölle

Rot: das Blut Christi, die Erlösung, die Wiedergeburt

Purpur oder grau: Sünde

Schwarz: Satan und sein ganzes Werk, einschließlich besonderer dämonischer Sünden wie Abgötterei und Okkultismus

Grün: das innere Leben der Gemeinschaft mit Gott. Ich schließe hier auch die Aussagen über die Gnade, die Vergebung und die Liebe mit ein

Dunkelblau: das äußere Leben, Gehorsam, Zeugnis, Geduld, Verfolgung

Hellblau: Gott, Christus, der Heilige Geist (ich benutze drei verschiedene Schattierungen dieser Farbe!)

Violett: das Wort Gottes, Wahrheit, Eingebung der Schrift, Glaube

Braun: praktische Fragen, Disziplin, Gemeindefragen

Natürlich überlappen sich diese Themenbereiche oft. Es gibt jedenfalls nicht genügend Farben im Regenbogen für die vielen Themen, die in der Bibel behandelt werden! Ich habe alle möglichen Farbtöne benutzt, und doch reichen sie nicht aus. Deshalb habe ich noch ein System von Symbolen und Abkürzungen ausgearbeitet, die ich am Rande vermerke. Sie machen eine genauere Erklärung möglich. Mit ihrer Hilfe kann ich verschiedene Textstellen gruppieren, die z. B. von einer speziellen Sünde oder von einem besonderen Gesichtspunkt der Wiederkunft Jesu handeln. Wo die Bibel z. B. die Lüge erwähnt, vermerke ich ein »L« am Rand und unterstreiche den Text in Purpur, der Farbe, die ich für diese Art der Sünde benutze. Die Zornessünde ist am Rand mit dem Buchstaben »Z« gekennzeichnet usw. Es ist jedoch ratsam, soviel wie möglich zu vereinfachen. Sonst wird die Sache von Anfang an zu unübersichtlich. Ich persönlich habe mit einer einzigen Farbe begonnen, bis ich die Notwendigkeit einer zweiten Farbe entdeckte. Und so, wie sich die Erfordernisse entwickelten, entstand auch mein System – und nicht vorher!

Dieses System bietet einige beträchtliche Vorteile:

1. Du kannst schnell eine ausgewogene und vollständige Kenntnis dessen erwerben, was Gott über die verschiedenen Themen sagt, die dich interessieren oder die dir wichtig erscheinen.
2. Du vermeidest es, dich in Irrtümer oder Einseitigkeiten zu verbohren.
3. Du kannst beinahe auf den ersten Blick jede beliebige Stelle in der Bibel wiederfinden.
4. Du hast immer mehr Material, um dein Studium zu vertiefen, aber auch, um es in der Predigt, im Zeugnis und in der Seelsorge weiterzugeben.

Eine mit guten Anmerkungen versehene Bibel gewinnt einen unschätzbaren Wert. Sie ist ein unerläßliches Werkzeug nicht nur im Zeugnis an die Welt, die dich umgibt, sondern auch in deinem täglichen Leben. Aber nach einer Weile entdeckst du vielleicht, daß solch eine Bibel doch einen großen Nachteil hat. Du liest sie wieder und wieder durch und neigst dann dazu, in dieselben alten Gedanken zu verfallen. Viel lieber würdest du jedes Jahr eine ganz neue Reihe von Wahrheiten entdecken. Wenn deine Bibel mit Anmerkungen »übersättigt« ist, dann rate ich dir, eine neue zu besorgen und wieder ganz von vorn anzufangen. Dies gibt Gott die Möglichkeit, dir völlig neue Offenbarungen zu geben. Ich persönlich benutze meine mit Anmerkungen versehene Bibel für Predigten. Aber gewöhnlich fange ich jedes Jahr eine neue Bibel für meinen eigenen Gebrauch an! Ich lernte dies am Beispiel von C. T. Studd und anderen Menschen, deren Lebensbeschreibungen ich gelesen hatte.

Du wirst außerdem von Anfang an *zwei Notizbücher* brauchen. Meiner Ansicht nach sind Ringbücher am besten dafür geeignet, weil du unnötige Seiten entfernen und dein Material neu ordnen kannst in dem Maße, wie deine Arbeit vorankommt.

Im *ersten* Notizbuch schreibst du (wenn möglich in ein oder zwei Sätzen) *jede wichtige neue Offenbarung* auf, die du von Gott empfängst. Von Zeit zu Zeit, während du auf deinen Knien betest oder die Bibel liest, in einer Gruppe bist oder die Straße entlanggehst, erhältst du von Gott eine plötzliche Erkenntnis. Aber du wirst feststellen, daß du sie meist wieder vergißt, wenn sie nicht sofort niedergeschrieben wird. Es ist schade, solch eine wertvolle Wahrheit zu verlieren. Wenn du dir die Mühe machst, sie zu notieren, wird sie nicht nur aufbewahrt, sondern auch deutlich ausgedrückt und zu einer scharfen Waffe in deiner geistlichen Rüstung. *Ein Gedanke, der nicht in Worte gefaßt wird, bleibt undeutlich* und ist schwer nachzuvollziehen. Aber wenn ihm in einer Sprache eine Gestalt gegeben wird, steht er dir zur Verfügung.

Ein *zweites* Notizbuch benötigst du für das, was ich ein *geordnetes Stellenverzeichnis* nenne. Du liest z. B. heute deine Bibel und findest einen Vers über das Gebet des

Glaubens. Gleichzeitig erinnert dich der Heilige Geist an zwei andere Verse über dasselbe Thema. Wenn du all dies nicht verlieren willst, schlägst du jetzt dein Notizbuch auf und überschreibst eine Seite mit dem Stichwort *Gebet des Glaubens*. Auf dieser Seite trägst du dann die Stellenangabe dieser drei Verse ein. Sie müssen nicht vollständig zitiert werden, sondern nur so weit, daß du den Sinn wiedererkennst. Am nächsten Tag findest du dann beispielsweise einen interessanten Text über die Wiederkunft Jesu. Nun beginnst du eine zweite Seite mit dem Stichwort *Wiederkunft Jesu,* wo du deine Stellenangabe einträgst und vielleicht fünf andere Verse, die dir der Heilige Geist in Erinnerung ruft. Nach einer Weile stellst du dann fest, daß da eine kleine persönliche Konkordanz entsteht, die den riesigen Vorteil besitzt, daß alle diese Informationen nicht durch die Erfahrung und das Gehirn von irgend jemand, sondern direkt von Gott zu dir gelangt sind. Du solltest trotzdem die Dinge nicht komplizieren. Halte alles so einfach und schlicht wie möglich, sonst wird dein Studium zu aufwendig, um es fortführen zu können.

Dieses Notizsystem bietet *zwei Vorteile*:

1. Durch deine Anmerkungen in der Bibel und durch das geordnete Stellenverzeichnis erhältst du ein sehr klares, ausgewogenes und umfassendes Verständnis der biblischen Lehre.

2. In wenigen Jahren wirst du eine sehr mächtige *geistliche Ausrüstung* besitzen. Wenn man dich eines Tages bitten sollte, zu predigen oder Zeugnis zu geben oder ein Bibelstudium zu leiten, steht dir ein reichhaltiges Material zur Verfügung. Wenn du dann auf deine Knie fällst und Gott um Leitung anflehst, kann dir der Geist Gottes mit einem großen Reichtum an Wahrheiten antworten. Angenommen, er sagt dir, über das Gebet des Glaubens zu predigen. Dann schaust du die Textstellen nach, die dich beeindruckt und dein Leben geformt

haben. Aus diesen wählst du einen Schlüsseltext aus, den du mit anderen Textstellen verdeutlichst. Und wenn du predigst, mußt du nicht über ein oder zwei Texte großartige Gedankenspielereien oder irgendwelches leere Gerede äußern, sondern du liest deinen Schlüsseltext und untermauerst diese Wahrheit mit den anderen Texten. Jeder einzelne trifft dann mit dem ganzen Gewicht der Erfahrung, die Gott dir damit gegeben hat. Gott beginnt durch dein ganzes Wesen zu sprechen. Die Welt hat es bitter nötig, diese Stimme zu hören.

Wie können wir sicher sein, daß wir die Schrift richtig auslegen?

Es ist eine unbeschreibliche Freude, die Wahrheit zu entdecken. Jedes Bibelstudium sollte zu diesem Ziel führen. Aber Gott sagt, daß das Menschenherz irreführend und hoffnungslos böse ist (Jer 17, 9). Es ist für jeden Menschen schwierig, vollkommen aufrichtig und ehrlich zu sein. Jeder von uns hat die angeborene Neigung, den Sinn der Schrift zu seinen Gunsten zu verdrehen und zu falschen Schlüssen zu gelangen. Deshalb findest du auch so viele verschiedene Auslegungen, die oft recht widersprüchlich sind. Es liegt nicht daran, daß Gottes Offenbarung unzulänglich wäre. Es liegt vielmehr daran, daß die Menschen sich nicht die Mühe machen, herauszufinden, was die Bibel wirklich sagt. Sie bringen ihre eigenen Gedanken oder die anderer Menschen mit Gottes tatsächlichen Aussagen durcheinander. Das ist die Ursache für den Meinungswirrwarr, der die Christen zerspaltet.

Wir müssen eine gewisse Disziplin einhalten, um uns vor dieser Gefahr zu schützen. Wir müssen das Wort Gottes liebgewinnen. Unser Herz muß für die Wahrheit völlig offen und bereit sein, das anzunehmen, was Gott wirklich sagt. Wir müssen Ehrlichkeit anstreben, indem wir alle unsere Vorurteile und vorgefaßten Meinungen der pausenlosen Untersuchung durch das Licht Gottes unterwerfen. Wir müssen ihn bitten, ständig alles in unseren Gedanken, Lehrauffassungen oder unserem Verhalten durch sein Wort zurechtzurücken. Wenn wir die Schrift in einer solchen Einstellung studieren, können wir vertrauensvoll erwarten, daß Gottes Geist uns in alle Wahrheit leitet, wie Jesus es versprochen hat (Joh 16, 13). Gott ist Licht, und in ihm ist keine Finsternis (1 Joh 1, 5). Deshalb wollen wir im Licht wandeln, und wir werden nicht stolpern. Gott haßt Unaufrichtigkeit. Er nennt sie Lüge, und er nennt Satan den Vater der Lüge. Um sicherzugehen, daß ich mich in meinem Bibelstudium nicht selbst betrog, entschloß ich mich, alle meine Erkenntnisse anhand der folgenden drei Grundregeln der Auslegung zu überprüfen. Wenn du beim Studium der Schrift vollkommen aufrichtig bleiben willst, dann solltest du diese Regeln beachten. So kann Gott dich wirklich in alle Wahrheit führen.

Die drei Grundregeln der Auslegung

1. *Nichts als das Wort Gottes*

Wir haben kein Recht, zur Auslegung des Wortes Gottes eine andere Autorität zu Rate zu ziehen. Die Bibel ist in sich selbst endgültige Autorität, denn sie ist das Wort Gottes. Wir müssen deshalb unsere persönlichen Vorurteile und alle menschlichen Überlieferungen und Gedanken – auch die Auslegungen einzelner Führer oder geistlicher Bewegungen – beiseite legen und aufrichtig herausfinden, was Gott selber sagt. Wenn du dich der Bibel mit »getönten Brillengläsern« oder mit kirchlichen oder dogmatischen »Scheuklappen« näherst, dann setzt du in der Tat eine menschliche Autorität Gott gleich. Aber Gott läßt keine Konkurrenten zu. Vergiß nicht, daß der Herr Jesus im Namen des Wortes Gottes abgelehnt wurde, einfach weil er im Widerspruch zu der Überlieferung der Ältesten stand, d. h. zu dem System der Schriftauslegung, das damals unter den Schriftgelehrten üblich war. Sie hielten ihre Auslegungen für genauso wichtig wie die Schriften selbst. Dagegen war in den Augen Christi das Wort Gottes die *einzige* Autorität.

Ich will damit nicht sagen, daß wir keinen Kommentar mehr lesen und uns keine Predigt mehr anhören sollen! Laßt uns alle von Gott angebotenen Möglichkeiten zu lernen annehmen. Aber laßt uns sein Wort nur nach seiner Autorität auslegen. Sicher können wir mit Dank Wertvolles annehmen, was uns Männer wie Augustin, Calvin, Luther, Bunyan, Georg Müller und viele andere zu sagen haben. Aber sei vorsichtig, daß du nicht das Wort Gottes ihrer Autorität unterstellst! Jedes menschliche Wesen ist fehlbar. Jede Wahrheit, die durch Menschen zu uns gelangt, ist in gewisser Weise verformt; so wie das Sonnenlicht gebrochen wird, wenn es durch eine Fensterscheibe dringt. Wir freuen uns über das Licht, das durch das Fenster scheint. Aber die Flut des klaren, reinen Sonnenlichtes ist im Freien hundertmal schöner.

Wenn wir darangehen, die biblische Wahrheit genauer zu erklären, müssen wir uns auf die eingegebene Schrift beschränken. Gott verbietet uns, seinem Wort etwas hinzuzufügen (5 Mose 4, 2; Offb 22, 18–19).

2. *Das ganze Wort Gottes*

Die Bibel enthält alle geistlichen Wahrheiten, die der Mensch braucht. Irrtum ist meist eine Halbwahrheit. Wir sind deshalb ständig der Gefahr ausgesetzt, Irrtümer zu begehen, wenn unsere Schlußfolgerungen auf Bibeltexten beruhen, die aus dem Zusammenhang gerissen sind. Hier werden der deine Anmerkungen, Notizen und das Stellenverzeichnis von außerordentlichem Nutzen sein, denn Gott kann damit ständig deine Gedanken zurechtrücken und dich die ganze Bandbreite seiner Wahrheit lehren. Wenn du wirklich mit dem *ganzen* Text der Schrift vertraut bist, kann der Geist Gottes dir eine Zusammenschau der verschiedenen Seiten eines Themas ermöglichen. Die Wahrheit Gottes ist die Bibel *als Ganzes*. Um eine Bibelstelle zu erklären, ist es absolut erforderlich, jedes Wort, »das durch den Mund Gottes geht« (Mt 4, 4), zu berücksichtigen. Von seinem Wort etwas zu streichen, ist genauso verhängnisvoll wie etwas hinzuzufügen.

3. *Das Wort Gottes erklärt sich selbst*

Gott hat keine Schwierigkeiten, sich verständlich zu machen. Es gibt in der Bibel über jedes Thema mindestens eine Textstelle, die völlig deutlich ist und die dem ehrlichen Herzen nur eine Auslegung erlaubt. Eine solche Textstelle muß deshalb als Schlüsseltext genommen werden, um andere zu erklären, in denen, aus welchem Grunde auch immer, der Sinn weniger klar ist. Die Bibel widerspricht sich nicht! Wenn du auf einen scheinbaren Widerspruch stößt, durchsuche die ganze Bibel im Gebet auf die Erklärung hin. Wenn wir unseren Vater aufrichtig bitten, uns zu lehren, dann wird uns sein Geist helfen, alle nötigen Textstellen ausfindig zu machen und zusammenzufügen (Joh 16, 13–15). Wir sollten niemals einen Vers oder Satz aus seinem Zusammenhang reißen und unsere Theologie darauf aufbauen! Alle Irrlehren, die von sich behaupten, in der Bibel begründet zu sein, frönen dieser Art von Spitzfindigkeit. Das bedeutet, mit dem Wort Gottes Schwindel zu treiben.

Gott ist Licht, und er sucht ehrliche Herzen, in die er sein Wort säen kann (Lk 8, 15). Wir müssen schon demütig genug sein, um unsere Unwissenheit zuzugeben, und geduldig darauf warten, daß er die Dinge wieder zurechtrückt. Was mich betrifft, so mußte ich die Bibel zehn-, zwanzig-, ja dreißigmal lesen und durchsuchen, ehe ich zu einer endgültigen Meinung über viele der Hauptthemen gelangte. In den dazwischenliegenden Jahren gab mir Gott außerdem die geistliche Nahrung, die ich Tag für Tag brauchte. Er stärkte mein Gebetsleben, führte mich in seine Nähe und bereitete mich auf mein Lebenswerk vor.

Es ist sehr gut und nützlich, die Meinung und Erfahrung anderer Christen zu kennen, besonders, wenn es sich um echte Männer und Frauen Gottes handelt. Aber letzten Endes ist es Gott allein, der über die Bedeutung seines Wortes bestimmt. Gott, der uns einen Mund und ein Gehirn gegeben hat, weiß besser zu denken und sich auszudrücken als wir!

Ich bin erstaunt, wie Gott Menschen, die einander nicht kennen, zu derselben Auslegung führt, wenn sie sich die Mühe machen, die ganze Schrift zu lesen und zu studieren, und wenn sie lernen, aufrichtig auszulegen. Dies ist auch ein Beweis für die Glaubwürdigkeit der Bibel! »Selig sind, die reines Herzens sind, denn sie werden Gott schauen« (Mt 5, 8).

Die Notwendigkeit der Disziplin

Wir sind in Christi Schule. Wir müssen alles erlernen. Das erfordert Zeit, viel Ernsthaftigkeit und vor allem Disziplin.

Als Gott unseren Planeten schuf, verbarg er allerlei Schätze im Gestein: Gold, Öl, Uran und vieles andere. Aber es liegt beim Menschen, diese Dinge zu suchen und zutage zu fördern. So enthält auch die Bibel eine Fülle geistlichen Reichtums, der aber noch ausfindig gemacht und ausgegraben werden muß. Gott läßt das Getreide nicht willkürlich auf dem Feld wachsen. Es muß angebaut werden. Benzin fällt nicht vom Himmel in unseren Tank. Gott versorgt die Vögel mit einem Überfluß an Nahrung, aber sie müssen jeden Morgen neu auf die Suche gehen. Die Erde gibt ihre Schätze demjenigen, der sie wirklich sucht. So gibt auch Gott die unschätzbaren Werte seines Wortes dem wirklich Suchenden. »Wohl denen, die ihn von ganzem Herzen suchen!« (Ps 119, 2).

Wenn ein Mädchen Klavierspielen lernt, bedarf es zunächst einer langen Zeit mühseligen Übens. Wenn es dann eines Tages feststellt, daß es alle seine Gefühle auf dem Instrument ausdrücken kann, so öffnet dies eine neue Dimension in seinem Leben. Die gleiche Erfahrung macht jeder, der eine Sprache erlernt. Er erreicht einen Punkt, wo er in eine neue Welt vordringt. Es liegt eine völlig neue Kultur und Landschaft vor ihm. Welch eine Lebensbereicherung! Wieviel mehr trifft das für den Menschen zu, der beharrlich die Schrift durchforscht!

Der faule Christ wird immer unzufrieden sein. Er bleibt ein Schwächling wie ein unterernährtes Kind. Wer ein lebendiger Christ ist, wird andererseits über die stetig wachsende Offenbarung Gottes immer verwunderter sein. Seine Suche bringt ihm einen Gewinn, der in keinem Verhältnis zu der Mühe steht, die er sich gemacht hat. Das Wort Gottes wird zu einer unaussprechlichen Freude, einer nie versiegenden Quelle der Eingebung und der Erleuchtung.

Aber ist das nicht Gesetzlichkeit?

Nein, es ist sicher keine Gesetzlichkeit. Die Gute Nachricht Christi hat uns vom Joch der Knechtschaft befreit. Möge Gott uns davor bewahren, es wieder aufzunehmen! Es geht um die Frage, ob ich klug genug bin und das Beste aus der wertvollen und allzu kurzen

Zeit mache, die mir anvertraut wurde. »Kaufet die Zeit aus!« (Eph 5, 16). Christi Disziplin ist weder Gesetzlichkeit noch Knechtschaft. Sie ist der unmittelbare Ausdruck der Liebe. Der junge Mann diszipliniert und beherrscht sich, um seiner Frau zu helfen und weil er sie liebt. Ebenso strebt auch der Jünger Jesu vor allem danach, ihn besser kennenzulernen und ihm wirksamer zu dienen. Denk daran, daß dein großer Feind, der Teufel, unglaublich verschlagen ist und daß er *all seine Macht* gegen dich richtet. Schöpfe deshalb die Hilfsmittel voll aus, die dir Gott zur Verfügung gestellt hat. Sei klug, so es um die Dinge Gottes geht.

Was ist mit den schwierigen Tagen?

Verliere nicht den Mut, wenn du manchmal aus dem Lesen keinen großen Nutzen zu ziehen scheinst. Im alltäglichen Leben gibt es Tage mit Sonnenschein und Tage mit Regen. Es gibt Berge, Wüsten und grüne Täler. So gibt es auch im geistlichen Bereich allerlei Einflüsse, sichtbare und unsichtbare, die auf dich einwirken. Es gibt Zeiten, in denen körperliche Müdigkeit und dein Gesundheitszustand dein inneres Wesen in Mitleidenschaft ziehen. Trotzdem wird der Tag kommen, an dem diese scheinbar schwierigen und »trockenen« Textstellen für dich wieder eine neue Bedeutung gewinnen. Es kommt darauf an, um jeden Preis einen gleichmäßigen Leserhythmus beizubehalten.

In der Zwischenzeit wird Gott dir Tag für Tag genügend Wahrheit geben, um die Bedürfnisse deiner Seele zu stillen. Selbst wenn es manchmal nur ein Versprechen oder ein Vers ist, der als Tagesmahlzeit dient. In den Tagen Moses versorgte Gott sein Volk in der Wüste mit dem täglichen Manna. Genauso wird er sich auch um deine Bedürfnisse kümmern. Aber vergiß nicht, daß das

Manna *früh* eingesammelt werden mußte, denn wenn die Sonne schien, schmolz es. *Wir müssen darum Gott früh suchen,* bevor die Welt hereinbricht, um den Frieden dieser kostbaren ersten Augenblicke des Tages zu zerstören.

Was ist mit den langweiligen Textstellen?

Ich glaube, daß Gott mit Absicht jene Textstellen nahe an den Anfang der Bibel gestellt hat, die auf den ersten Blick nicht besonders wichtig erscheinen mögen. Ich habe den Eindruck, daß dies dazu dient, *uns auf die Probe zu stellen.* (Ich denke da an das 2., 3. und 4. Buch Mose.) Diejenigen, die Gott nicht ernsthaft suchen, werden sich abwenden, wenn sie auf diese Schwierigkeiten stoßen – und sie werden großen geistlichen Verlust erleiden. Dagegen finden diejenigen, die aus reinem Hunger nach Gott ausharren, daß die Bibel, als Ganzes gesehen, ein ungeheuer faszinierendes Buch ist. Sie werden fortwährend neue geistliche Quellen darin finden. Die Bibel ist unerschöpflich. Vielleicht entdeckst du *unerwartete Reichtümer* sogar in den anscheinend langweiligen Texten. So wie das Universum unseren mathematischen Berechnungen und unseren Radioteleskopen endlos erscheint, so öffnet uns die Bibel einen unbegrenzten Horizont, eine unendliche Offenbarung des Gottesreiches, wo wir die grundlegenden Realitäten entdecken. Ich sage dies, nachdem ich das Wort Gottes mein Leben lang studiert habe.

Eine schwierige Wahl

Vor einigen Jahren betonte ich vor einer Gruppe von Freunden in Paris die Notwendigkeit und die Vorteile einer solchen Disziplin, wo es um das Beten und das

Bibelstudium geht. Einer meiner Freunde, Direktor einer bedeutenden Firma, sagte: »Du hast recht, Ralph. Aber *wie* sollen wir uns diese Zeit für Gott beschaffen?« Und er beschrieb mir seine täglichen Beschäftigungen, die ihm wirklich nicht die geringste Chance ließen, dieses Ziel zu erreichen.

Meine Antwort war: »Ich weiß, daß es unmöglich ist. Aber wir stehen hier einem Problem von ewiger Bedeutung, von höchster Dringlichkeit gegenüber. Eigentlich haben wir keine Hoffnung, dieses Wunder zu vollbringen. Nur Gott kann das für uns tun. Diese Tatsache läßt uns nur die Möglichkeit des Glaubens – oder des Unglaubens. Wir haben es mit dem Gott, dem nichts unmöglich ist, zu tun. Kann er seinen Willen in uns verwirklichen oder nicht? Wenn er es nicht kann, dann ist alles, woran wir glauben, Unsinn.

Ich weiß, daß diese Welt überhaupt keinen Platz für Christus hat. Wenn er eintritt, muß etwas anderes weichen. Etwas muß unweigerlich verschwinden, um ihm Platz zu machen. Um das Beste zu haben, müssen wir das Gute über Bord werfen. Sagt Jesus nicht selbst, daß es besser ist, sich von seiner rechten Hand oder von seinem rechten Auge zu trennen, als die Hauptsache zu verlieren? Wir werden vor eine Entscheidung gestellt, vor der wir nicht fliehen können. Dies ist keine Frage von Gesetzlichkeit. Es ist eine Frage der Liebe.

Der junge Mann, der sich damit zufriedengibt, nur alle zwei Tage fünf Minuten mit dem Mädchen zu verbringen, das er heiraten will, hat noch nicht begriffen, was Liebe heißt. Genausowenig hat dies der Gläubige begriffen, der sich damit begnügt, Gott nur Bruchteile seiner Zeit zu geben.«

Des Teufels Dietrich

Das Problem ist viel größer. Wenn wir wirklich berechtigte und notwendige Dinge aus unserem Zeitplan nehmen müssen, wie steht es dann mit unseren zweifelhaften Beschäftigungen? Die Statistik teilt uns z. B. mit, daß jedes in den USA geborene Baby dazu verurteilt ist, zwölf Jahre seines Lebens vor dem Gerät zu verbringen, welches Fachleute die »Idiotenkiste« nennen. Ich meine damit den Bildschirm. *Zwölf Jahre!* Das ist nicht einmal ein Zehntel, das ist eher ein Fünftel eines menschlichen Lebens. In Europa ist diese Ziffer vielleicht kleiner, aber dennoch verbringt man durchschnittlich zehn bis zwölf Stunden pro Woche – das bedeutet: einen ganzen Tag pro Woche – vor dem Fernseher.

Ein Christ bemerkte auf der Kiste, worin ihm ein Fernseher ins Haus geliefert wurde, die Aufschrift: »Wir bringen Ihnen die Welt ins Haus!« Mit einem Mal erkannte er die Wahrheit. Was für andere ein schöner Reklamespruch war, wurde für ihn zu einer todernsten Warnung. Er verweigerte die Annahme.

Hast du begriffen, daß der Teufel heute einen Dietrich für alle Türen hat, auch für *deine* Tür? Er verfügt über ein Instrument von unberechenbarer Macht, durch das er seine eigene Denkweise, welche Jesus »die Welt« nennt, direkt in dein Privatleben bringt. Tag und Nacht wird dein Heim und der Verstand deiner Kinder mit der Denkweise der Welt und all ihren Philosophien und Unreinheiten durchdrungen. Es gibt eine Menge »wakkerer« Christen, die um keinen Preis ins Kino gehen würden, und doch läßt es sie völlig kalt, wenn das Kino direkt in ihr Wohnzimmer hineinspaziert!

Unsere Väter kannten dieses Problem nicht. Wenn sie die Haustür schlossen, konnte ihnen das ganze Heim von Gott erzählen. Christus war der unbestreitbare Herr ihres Hauses. »Liebt nicht die Welt noch was in der Welt ist«, sagt Gott (1 Joh 2, 15; Elberfelder). Heute mußt du dich als Christ mit dieser Frage beschäftigen: Kannst du einen Fernseher im Hause haben, ohne dadurch von der Welt beschmutzt zu werden?

Laß uns mal darüber nachdenken!

»Na, hör mal«, sagte mir jemand, »ein Christ soll doch kein Fanatiker sein! Du mußt zugeben, daß im Fernsehen auch ganz gute Sachen gezeigt werden.«
Ein Fanatiker? Nein, ein Jünger Jesu soll kein Fanatiker sein. Gott erwartet von ihm, daß er klug, sehr klug und gut informiert ist. Er soll voller Menschenverstand sein und die Probleme und Möglichkeiten seiner Generation bewältigen können. Das Fernsehen ist keine schlechte Sache in sich selbst. Alles hängt davon ab, wie du es gebrauchst. Wenn wir das Fernsehen in die Hände Jesu Christi legen könnten, würde es schnell diesen armen Planeten zu seinem Vorteil verändern. Wenn ich es dazu benutzen könnte, Christus der Welt bekannt zu machen, so würde ich dies tun. Es gibt jedoch nur wenige Länder, in denen dies möglich ist!
Es ist der Feind Jesu, der gegenwärtig das Weltgeschehen lenkt und ihre Hilfsmittel beherrscht (1 Joh 5, 19). Und er hat die strategische Bedeutung des Fernsehens erkannt. (Einige Anmerkungen von Professor McLuhan: »Der permanente Schock des Fernsehbildes bewirkt eine hypnotische Starre [›Bildstarre‹]. – Das Fernsehen hat alle Wirkungen des LSD! Dies führt zu einer Fernsehsucht. – Das Fernsehen wird in kurzer Zeit die Gesellschaftsstruktur auflösen, da es den Zuschauer in seiner Gesamtheit verändert, gleichgültig, was gesendet wird.« – Professor McLuhan: »Für und Wider«, Econ-Verlag, Düsseldorf.)
Wenn die Leute am Ende des Tages fernsehen, sind sie

meist durch Müdigkeit entwaffnet. Das Allerletzte, was mir in den Sinn käme, wäre, meine Familie und mich dann von der Fernsehmeinung prägen zu lassen.

Ich bestreite nicht, daß einige Programme wirklich interessant und sogar lehrreich sind. Aber es gibt andere Programme, die das genaue Gegenteil davon sind. Und wie schwierig ist es, die richtigen Filme herauszufinden und vor allem die notwendige Voraussicht zu besitzen! *Selbst die »guten« Filme enthalten fast alle eine negative und oft gefährliche Philosophie,* die die Menschen nach und nach in sich aufnehmen, *ohne sich dessen bewußt zu sein.* Glaubst du, daß du da eine Ausnahme bist? Wenn es dir nicht gelingt, das Fernsehen zu beherrschen und zu kontrollieren, dann sei sicher, daß es *dich* kontrollieren wird. Die Gefahr liegt in der Gewohnheit. Denn nach einem gewissen Zeitraum wird deine ganze Anschauung grundlegend verändert durch die anhäufende Wirkung dessen, was du siehst und hörst. Wir verlieren schließlich die Fähigkeit, die Dinge so zu sehen, wie Gott sie sieht. Wir wissen nicht mehr, wohin wir gehen (2 Petr 2, 20–22; siehe auch 1 Kor 12, 2; Eph 2, 11–13; 4, 14.17–24). Wir verlieren sogar die Lust, die Bibel zu lesen und zu beten.

Sagte Jesus nicht, daß das Auge das Licht des Körpers ist (Mt 6, 22–23)? Es ist eine allgemein bekannte psychologische Tatsache, daß die Reize, die durch das Auge aufgenommen werden, tief im Unterbewußtsein verwurzelt bleiben. Das Fernsehprogramm gelangt durch das Auge und das Gehör in uns hinein. Aus diesem Grund ist seine Wirkung besonders groß.

Der Apostel Paulus vor dem Bildschirm!

Paulus mußte sich damals nicht mit dem Problem des Fernsehens beschäftigen. Aber er hatte ein anderes Problem in der Gemeinde von Korinth, das bei näherer

Betrachtung dem unseren sehr ähnelt. Lies einmal 1. Korinther 8–10. Wenn du den Ausdruck »Götzenopferfleisch« liest, dann setze dort das Wort »Fernsehen« ein. Anstelle von »Götzenopfer essen« lies »Fernsehen«. Wenn es dir wie mir geht, dann wirst du erstaunt sein, wie aktuell dieser Text ist. Die Überlegungen des Apostels werden dir außerordentlich helfen.

Es lohnte sich, den Gedankengang des Paulus genauer zu untersuchen, aber das würde ein ganzes Kapitel für sich beanspruchen. Die Hauptaussage ist folgende: Ihr Korinther wißt, welche enormen Opfer ich mir auferlegt und wie sehr ich gelitten habe, um Christus zu euch und um euch zu Christus zu bringen. Ihr wißt, auf wie viele völlig berechtigte Ansprüche (einschließlich Frau, Heim und Gehalt) ich verzichtet habe. Dies tat ich, um so viele wie möglich für Christus zu gewinnen und um den Schwachen kein Anstoß zu sein. Nur so gelang es mir, eure Gemeinde in Korinth zu gründen.

Und jetzt fragt ihr mich in aller Dreistigkeit, ob ihr nicht ein bißchen mit der Welt flirten könnt. Hat euch Gott nicht gerade durch das Blut Christi aus der Welt befreit, so daß ihr nicht mehr unter dem Gesetz, sondern unter der Gnade seid? Habt ihr denn noch nicht den Wert dieses heiligen Blutes erfaßt?

Paulus faßt zusammen: »Alles ist erlaubt, aber nicht alles ist nützlich . . . nicht alles erbaut« (1 Kor 10, 23; Elberfelder). Ich aber habe von keinem dieser Rechte Gebrauch gemacht (1 Kor 9, 15). »Wir ertragen alles, damit wir dem Evangelium Christi kein Hindernis bereiten« (1 Kor 9, 12; Elberfelder). »Aber ich will mich von nichts beherrschen lassen« (1 Kor 6, 12; Elberfelder). Sodann kommt er zu dem Schluß: »Tut alles zur Ehre Gottes« (1 Kor 10, 31; Elberfelder).

Wenn du ein Fernsehprogramm wirklich zur Ehre Gottes ansehen kannst, dann tu es! Aber wenn du es nicht kannst, solltest du ein großes Fragezeichen setzen.

Denk an die Worte: »Wer aber zweifelt, wenn er ißt, der ist verurteilt, weil er es nicht aus Gauben tut. Alles aber, was nicht aus Glauben ist (geschieht), ist Sünde« (Röm 14, 23; Elberfelder).

Das Bild des Tieres

Vor einiger Zeit führten die Techniker der Firma Coca-Cola ein haarsträubendes Experiment durch. Sie schoben in gewöhnlichen Filmen, die über den Bildschirm liefen, den Satz »Trink Coca-Cola« ein. Dies geschah mit einer so hohen Geschwindigkeit (ca. 1 Bild von 20), daß sich die Zuschauer dessen nicht bewußt waren. *Dennoch war es im Unterbewußtsein der Zuschauer gespeichert worden.* Das Ergebnis war, daß der Coca-Cola-Absatz erheblich zunahm und die Bestände ausverkauft wurden. Als die Wahrheit herauskam, war die Öffentlichkeit derart entsetzt, daß in den USA ein besonderes Gesetz erlassen wurde, welches diese Art von psychologischer Beeinflussung verbot. Fast jedes Land der Erde wird heute von einer Diktatur regiert. Und die Kontrolle des Fernsehens wird natürlich zu einem Instrument uneingeschränkter Herrschaft. Selbst in den wenigen noch freien Demokratien steht das Fernsehen unter einem Monopol, das mehr oder weniger von der Regierung kontrolliert wird. Die moderne Technik – dies trifft neben dem Fernsehen auch auf andere Medien zu – hat psychologische und chemische Möglichkeiten zur Beeinflussung der Öffentlichkeit entdeckt, die praktisch unwiderstehlich sind. Wir können uns darauf gefaßt machen, daß sie in den kommenden Jahren in zunehmendem Maße eingesetzt werden. Wenn es nicht gerade von einem Gesetz verboten wird, können die Machthaber diese Mittel benutzen, um Menschen in aller Ausführlichkeit zu beeinflussen, *ohne daß sie sich dessen bewußt werden.* Satan steht diesen Dingen nicht blind gegenüber!

Das Buch der Offenbarung beschreibt einen Weltdiktator der Endzeit, der *jeden* dazu zwingen wird, ihn anzubeten – durch *ein Bild, das redet*! (Offb 13, 15). Es besteht nicht der geringste Zweifel, daß er das Fernsehsystem auf der ganzen Welt kontrollieren wird. Die Menschen werden durch ihr jahrelanges »In-die-Röhre-Schauen« so geprägt sein, daß sie ihr kritisches Bewußtsein verlieren. Wenn dann das satanische Pflichtprogramm mit seinem hypnotisierenden Gesicht über den Bildschirm läuft, werden sie ihm alles glauben, was er sagt. (Es ist wohl bekannt, daß Hitler die Menge hauptsächlich durch das Radio und die Geheimpolizei kontrollierte.) Kannst du dir etwas Logischeres vorstellen? Oder etwas Schrecklicheres?

Gott läßt dir deine Freiheit, aber er warnt dich. Du hast nur ein Leben, und das gleitet dir durch die Finger. Deine Zeit ist mehr wert als alles andere. Wie wirst du sie verwenden? Es wäre erschütternd, wenn du ein Fünftel oder ein Siebtel davon vor dieser »Kiste« verbringen würdest. Ist es nicht unendlich lohnenswerter, nur ein Zehntel davon zu benutzen, um das Angesicht Gottes zu betrachten?

3.3 Du bist nicht allein!

Die dritte Disziplin: *Das Wunder der brüderlichen Gemeinschaft*

Du bist jetzt ein Teil eines riesigen, geistlichen, lebendigen Organismus, der alle Kinder Gottes auf der ganzen Welt umfaßt. Das ist die große Familie Gottes. Du bist in seinen Augen ein einzigartiger und kostbarer Mensch. Außerdem gliedert dich der Heilige Geist in das ein, was das Neue Testament den »Leib« Christi nennt (1 Kor 12,

12–27). Dein geistliches Leben entwickelt sich. Du hast tiefere Gemeinschaft mit Gott und gleichzeitig auch mit seinen anderen Kindern, deinen Brüdern und Schwestern in Christus. Du brauchst sie, so wie sie dich auch brauchen. Zusammen bilden wir eine Einheit in Christus. Das ist die Gemeinde!

Sollten wir auch heute noch von »Gemeinde« sprechen?

Wenn du mit »Gemeinde« diese wundervolle, ursprüngliche Gemeinschaft meinst, so wie sie von Jesus geplant und von den Aposteln zur Entstehung gebracht worden war, dann ist die Antwort »Ja«! Aber wenn du damit das meinst, was heutzutage im allgemeinen unter dem Begriff Gemeinde verstanden wird – nun, da stehen wir vor einem beängstigenden Problem.

Im Lauf der Jahrhunderte haben die Menschen immer wieder die einfachen und klaren Gedanken Jesu verdreht. Der Begriff Gemeinde hat für die meisten von uns nicht mehr die Bedeutung, die er für Jesus und seine Apostel hatte. Es gibt im Deutschen kein Wort, das seinen Sinn wiedergeben könnte. (Das griechische Wort »ekklesia« bedeutet »Versammlung«, »Zusammenkunft«.) Wir bräuchten einen völlig neuen Ausdruck. In diesem Kapitel werde ich trotzdem das Wort »Gemeinde« benutzen, da ich keine andere Ausdrucksmöglichkeit besitze. Aber ich werde versuchen, das Wort in seiner ursprünglichen Bedeutung zu gebrauchen. Laß uns zu seinem Ursprung im Neuen Testament zurückkehren.

Was meinte Jesus mit »Gemeinde«?

Jesus ist der Gründer der Gemeinde. Was sagt er über sie? In Matthäus 9, 35–10, 42 und Lukas 10, 1–20 sehen wir, wie er seine ersten Missionarsgruppen zusammenstellte und aussandte. Als er seine Jünger zu zweit losschickte, waren sie bereits in die Lehre der Bergpredigt eingedrungen (Mt 5–7). Diese frühe Erfahrung in der Gruppenarbeit war eine Vorbereitung auf das Zusammenleben und die Arbeit der Urkirche, wie sie in der Apostelgeschichte beschrieben und in den Briefen fortgeführt wird.

In Matthäus 13 warnte Jesus seine Apostel mit den sieben Gleichnissen vom Himmelreich vor der Entwicklung der Irrlehren in der Gemeinde, welche leider im Lauf der Geschichte alle in Erscheinung getreten sind. Er betont die Notwendigkeit, keine Mühen und Kosten zu scheuen, um die unverfälschte Wahrheit zu erlangen.

In Kapitel 16 macht er deutlich, daß er selbst der Grundstein seiner Gemeinde ist (Mt 16, 17–18), nämlich der Felsen, den Mose und die Propheten mit Gott selbst gleichsetzen (5 Mose 32, 4.15.18.30–31).

Später, in Kapitel 18 (siehe auch Mk 9, 33–50), als sich seine Jünger um die geistliche Führung stritten, spricht Jesus die sieben Gesetze des Gottesreiches aus. Diese sieben Gesetze sind die Grundregeln für das Leben und die Arbeit in Gruppe und Gemeinde. Sie sollen die geistliche Einheit ihrer Glieder sichern. In diesem Kapitel lehrt Jesus die absolute Notwendigkeit der Demut, besonders im Blick auf die geistlichen Führer (V. 4), sowie die gegenseitige Wertschätzung und Offenherzigkeit (V. 5). Er betont, daß es besser sei, sein Leben zu verlieren, als für einen jüngeren oder schwächeren Bruder ein Ärgernis zu sein (V. 6). Er besteht unnachgiebig auf der Fürsorge für die Schwachen und deren Wertschätzung (V. 10). Wir sollen uns mehr um die Verlorenen als um uns selbst kümmern (V. 11–14). Er fordert die Versöhnung zwischen Brüdern (V. 15–17) und die absolute gegenseitige Vergebung (V. 21–35). Eine Gruppe, Mannschaft oder Gemeinde, die nach diesen Regeln lebt, wird zu einem außerordentlich kraftvollen Instrument in den Händen Gottes. Sie ist ein Vorgeschmack des Himmels.

Der Atomkern

Laß uns jetzt einmal die drei gewaltigen Versprechen anschauen, die der Herr Jesus in diesem Text gibt. Ich bin davon überzeugt, daß diese Versprechen nur für eine Gruppe gelten, die diesen Regeln entsprechend lebt.

1. Er verspricht die Vollmacht seines eigenen Namens, seine persönliche Unterschrift unter alle Handlungen, die diese Gruppe gemeinsam verabredet hat (Mt 18, 18).

2. Er verspricht die Erhörung ihres gemeinsamen Gebetes, wenn sie in der Ausführung des Willens Gottes einig sind (Mt 18, 19).

3. Das letzte Versprechen müssen wir einmal genauer untersuchen (Mt 18, 20). Jesus versichert uns hier seiner persönlichen Anwesenheit inmitten der Gruppe – wie klein sie auch sei –, die nach den genannten Regeln zusammenlebt. »Gib mir zwei oder drei Leute zum Anfangen«, sagt er. »Wo zwei oder drei in meine Person eingegliedert sind, bin ich mitten unter ihnen.« Ich habe dies direkt aus dem Original übersetzt, um das wiederzugeben, was ich für seinen wahren Sinn halte.

Dieser Vers wird in allen möglichen Versammlungen zitiert. Es soll die Überzeugung geschaffen werden, daß die Anwesenheit Christi automatisch dadurch sichergestellt sei, daß vielleicht gerade mehrere Christen in einem Raum dasselbe Kirchenlied singen. Der griechische Originaltext läßt eine solche Auslegung nicht zu. Es genügt nicht, zusammenzusein, Kirchenlieder zu singen oder sich über geistliche Dinge zu unterhalten, um die Situation zu schaffen, die Jesus hier meint. Die griechische Präposition »eis«, gefolgt vom Akkusativ, enthält in dem Ausdruck »in meinem Namen« die Vorstellung einer *Bewegung auf ein Ziel hin*. Die lateinische Übersetzung der Präposition »in« oder »ad«, gefolgt vom Akkusativ, trifft ziemlich genau den griechischen Ausdruck, der sich nicht leicht ins Deutsche übertragen läßt. »Hinein« würde den Sinn besser wiedergeben als »in«. Christus spricht mehr von einem In-ihn-Hineinglauben, als von einem An-ihn-Glauben (Joh 6, 29.35.40.47).

Das griechische Verb »synagogein« hat einen tieferen Sinn als das deutsche »versammelt sein«. Man könnte es übersetzen mit »gruppieren« (als Handlung), »zusammenziehen oder -drücken auf einen Mittelpunkt hin«. In diesem Ausdruck steckt der Sinn einer Bewegungsrichtung auf einen Zielpunkt zu. Die Situation, mit der wir es hier zu tun haben, ist keine statische. Sie ist dynamisch und aktiv. Es gibt eine Bewegung und ein Ziel.

Welches ist dieses Ziel, dieser Schwerpunkt oder das Zentrum? Es ist der Name Jesu. Aber was bedeutet das? Wie kann man »in Richtung auf« oder in einen Namen »hineinstreben?

Wir verstehen die Bedeutung dieses Ausdrucks besser, wenn wir berücksichtigen, daß es in früheren Zeiten weder im Griechischen noch im Hebräischen ein Wort gab, welches den Inhalt unseres deutschen Wortes »Person« ausdrückte. Im Alten wie im Neuen Testament findet man die Bezeichnung »Mensch«, »Seele« oder »Name«, wenn von einer Person gesprochen wird. Man konnte auch »Gesicht« sagen! Dieser letzte Ausdruck gewann im Hebräischen und im Griechischen immer mehr die Bedeutung von »Nähe«. Zur Zeit Christi begann man den Ausdruck »Gesicht« im Griechischen im Sinne von »Person« oder »Individuum« zu verwenden. Aber er vermittelte nicht die Tiefe der Bedeutung, die in unserem Wort »Person« steckt. In der Bibel ist der »Name« praktisch die Bezeichnung für die ganze Persönlichkeit. Im Althebräischen hatte der Name eines Menschen eine Bedeutung. Noah heißt z. B. »Ermutigung«. Dieser Name war ihm prophetisch von seinem Vater gegeben worden. David heißt »Geliebter«. Jesus bedeutet »Erlöser«. So war für Mose und die Propheten der Name Gottes gleichbedeutend mit der Person Gottes. Darum war es so wichtig, seinen Namen zu achten. »Du sollst den Namen des Herrn, deines Gottes, nicht mißbrauchen« (1 Mose 20, 7). Deshalb legten die Apostel so außerordentlich viel Wert auf den Namen Jesu, indem sie ihm »Christus« oder »Messias« und »Herr« hinzufügten (welches andere Bezeichnungen des Alten Testamentes für den Namen Gottes sind).

Meiner Meinung nach besteht kein Zweifel, daß Jesus, dessen Denken vom alttestamentlichen Hintergrund her geprägt war, seinen Namen mit seiner Person gleichsetzte. Als er seinen Aposteln die Vollmacht gab, in seinem Namen zu beten, bot er ihnen tatsächlich eine völlige Gleichstellung mit seiner Person an. Es hängt also davon ab, wie sehr wir uns mit Jesus, seiner Person, seinen Interessen, seinen Wünschen und seinem Willen vereinen, ob unser Gebet erhört und unsere Arbeit fruchtbar wird. Im Namen Jesu zu bitten bedeutet, sich völlig mit seiner Person zu identifizieren.

Deshalb übersetze ich Matthäus 18, 20 mangels eines besseren Ausdrucks wie folgt: »Wo zwei oder drei *in meine Person eingegliedert sind,* dort bin ich mitten unter ihnen.« Ich bin völlig überzeugt davon, daß genau dies Jesus ausdrücken wollte. Es bedeutet in ihm zusammengeschweißt werden, organisch verbunden zu sein, so wie alle Zweige ein Teil des Baumes sind!

Solch eine kraftvolle Gemeinschaft von Gläubigen ist der wahre Vorposten des Reiches Christi in dieser feindlichen Welt, ein echter Wohnort Gottes auf Erden. Eine solche Gruppe von Christen ist das Gottesreich in Miniaturausgabe. Und es ist die Anwesenheit Christi (seien es drei oder dreißig oder dreihundert), die die wahrhaftige Gemeinde bildet, wie er sie geplant hat. Ohne seine Gegenwart kann man nur von der Karikatur einer Gemeinde sprechen. Sie ist dann nur eine Versammlung von Menschen mit mehr oder minder gleichen Interessen, die aber weder eine Herzenseinheit, noch ein unwiderlegbares Zeugnis besitzt. Außerdem läßt sich die Welt davon nicht überzeugen. Es spielt keine Rolle, wie beeindruckend deine Organisation oder dein Gebäude ist oder ob deine Lehre richtig ist. Wenn sich nicht jedes Glied auf die wirkliche und wahrhaftige Anwesenheit Christi ausrichtet, ist es keine glaubwürdige Gemeinde. Genausowenig wie eine schöne Verpackung ein Geschenk ist, wenn der wertvolle Inhalt fehlt.

Ich habe diesen Vers etwas gründlicher untersucht, weil dieser Gedanke im Mittelpunkt der Lehre Christi über die Gemeinde steht und die Grundlage der ganzen biblischen Auffassung von geistlicher Jüngerschaft bildet.

Das große Gebot Jesu

In der Nacht vor seinem Tode schloß Jesus den Neuen Bund, wo durch das Abendmahl sein zerbrochener Leib und sein vergossenes Blut dargestellt werden. Gleich darauf sehen wir ihn am Boden knien, um seinen Jüngern die Füße zu waschen. Nach dieser Handlung verkündigte er (ich glaube, mit Tränen in den Augen) sein neues Gebot, das neue Gesetz, welches den Neuen Bund begleitet: »Ein neu Gebot gebe ich euch, daß ihr euch untereinander liebet, wie ich euch geliebet habe ... *Daran* wird jedermann erkennen, daß ihr meine Jünger seid« (Joh 13, 34–35).

In derselben Nacht nannte Jesus dieses neue Gesetz *»mein Gebot«*, d. h. sein höchstes Gebot (Joh 15, 12). Es ist also von grundlegender Bedeutung, daß wir, seine Jünger, einander lieben sollen, so wie er uns geliebt hat. Und er liebte uns so sehr, daß er sich für uns kreuzigen ließ.

Wenn wir das verstehen, kann Gott *alles* in unserer Mitte vollbringen. Wir begründen so die wahre Gemeinde, wie sie Jesus verstanden hat. Diese Anwesenheit Christi ist jedem Hinzukommenden offenkundig und vereint alle Brüder in einer echten Gemeinschaft. Aber eine Versammlung, die nicht diese geistliche Anwesenheit Christi besitzt, ist nur ein Zerrbild der Wahrheit. Wo keine Einheit der Herzen herrscht, dort fehlt die Herrlichkeit Gottes, die »shekinah«. Das Bild, das der Welt von Christus dargeboten wird, ist dann eine jämmerliche Karikatur, die niemanden überzeugt und sogar Verachtung hervorruft.

Die wunderbare Idee Jesu: die dynamische Zelle

Der Sohn Gottes ist nicht nur der Baumeister der Gemeinde, sondern auch des Weltalls (Kol 1, 16–18). Er »erfand« und schuf das Elektron, das Atom, das Molekül und auch die biologische Zelle. Und es ist eine Tatsache, daß alles, was besteht, auf der Grundlage der *Einheit* in der Vielfalt geschaffen wurde.

Die Gemeinde, wie Jesus sie entwarf, ähnelt einer lebenden Zelle, die eine fast unglaubliche Vielfalt und Einheit besitzt. Noch außergewöhnlicher aber ist die Fähigkeit der Zelle, sich zu vermehren. Eine befruchtete menschliche Eizelle vermehrt sich während der Schwangerschaftszeit von nur neun Monaten nicht weniger als 120 000 000 000mal. Das geschieht jedoch nicht zufällig, sondern in einer Art und Weise, daß daraus das Wunder eines Säuglings entsteht, mit einer Persönlichkeit und der organischen Vielfalt eines menschlichen Wesens. Man braucht nur an die Bildung des Auges während dieser verhältnismäßig kurzen Zeit zu denken, um sich bewußt zu werden, was für ein überwältigendes Wunder dieser Vorgang ist. Warum sind die Menschen bloß so ungläubig? Paulus sagte sehr richtig, daß die Welt in all ihrer Weisheit Gott nicht kennen kann; denn die Torheit Gottes ist weiser als die Menschen (1 Kor 1, 21.25). Als Jesus die Gemeinde schuf, hatte er niemals eine Verwaltungsorganisation im Auge. Er dachte vielmehr an einen lebendigen Organismus, an einen wirklichen »Leib«, gebildet aus geistlichen »Zellen«, die sich ständig vermehren. Er wollte die Welt mit lebendigen geistlichen Zellen füllen, von denen jede die explosive Kraft seiner Gegenwart besitzen sollte.

Jesus hat nie von einer Rangordnung gesprochen. Ganz im Gegenteil! Er wusch seinen Jüngern die Füße und lehrte sie, daß der Größte in seinem Reich demütig wie ein Kind und jedermanns Diener sein müßte (Mt 18, 4; Mk 9, 35). Er ging uns selbst als Beispiel voran. Wie sehr haben wir Menschen diese Einfachheit Christi verdreht. Die Schönheit seines Wesens ist durch die Menge der Überlegungen, der menschlichen Überlieferungen, der Auslegungen und durch unser Zögern verdunkelt worden. Die Apostel vermochten seine Lehre in die Praxis umzusetzen, weil sie sie ernst nahmen, ohne daran herumzudeuteln.

Wie die Apostel die Lehre Christi auf die Gemeinde anwandten

Es waren die Apostel, die die Gemeinde gründeten. Das Studium der Schriften, die sie uns hinterließen, ist deshalb von größter Wichtigkeit. Paulus schreibt dank seiner unvergleichlichen Erfahrung am meisten über die Gemeinde. In der Apostelgeschichte finden wir einen zeitgenössischen Bericht über die Gründung der Gemeinde. Er wurde von einem der Männer, die Paulus bekehrte und lehrte, dem Arzt Lukas, gesammelt und zusammengestellt. Darin wird uns vor Augen geführt, mit welcher Einfachheit und Aufrichtigkeit die ersten Christen die Lehre Jesu auf ihr tägliches Leben anwandten. Jene Lehre, von der uns Lukas in seinem anderen Buch, dem Evangelium, so viel übermittelt hat. Außerdem untersucht und erklärt Paulus in seinen ungewöhnlich reichhaltigen und durchdachten Briefen die Anwendung dieser Lehre in der Praxis. Eine faszinierende Studie!

In ungefähr 15 Jahren war es Paulus gelungen, alle Länder von Palästina bis zum Adriatischen Meer mit jungen, sich vermehrenden Gemeinden zu füllen (lies seine gewaltige Bemerkung in Röm 5, 19.23). Wie konnte er nur solch eine erstaunliche Leistung vollbringen? Ich bin davon überzeugt, daß das Geheimnis seines Erfolges in der Auffassung über die apostolische oder missionarische Mannschaft lag. Diese Auffassung, wie sie Christus gelehrt hatte, verwirklichte er im Zeugnis und im Leiden. Zuerst mit Barnabas, dann mit Silas und schließlich mit Timotheus und einer unaufhörlichen Folge von Männern aus den Gemeinden, die er gegründet hat. (Das Neue Testament erwähnt die Namen von 19 Mitgliedern der Mannschaft von Paulus. Sicher sind es noch mehr gewesen, siehe z. B. Apg 20, 4.) Die Mannschaft des Paulus war zu jeder Zeit eine dynamische, bewegliche *Zelle*, die mit dem Heiligen Geist erfüllt war und vor Liebe brannte. Diese Mannschaft war bereit, alles zu tun, und besaß ständig den unbezahlbaren Schatz der Anwesenheit Jesu. Wohin auch immer sie sich wandte, entstanden binnen kürzester Zeit Gemeinden, wurden örtliche *Zellen* gegründet. Und diese Gemeinden empfingen von der Mannschaft des Paulus dieselbe Schau, dasselbe Leben, dieselbe dynamische Kraft, sich durch eine endlose geistliche Kettenreaktion zu vermehren. Wenn heutzutage alle Jünger Jesu diese biblische Auffassung ernst nehmen und verwirklichen würden, könnte Gott nicht nur die Gemeinde in ihrer Gesamtheit, sondern auch das ganze Weltgeschehen verändern.

Paulus hatte keine statische Vorstellung von der Gemeinde. Er dachte nicht im entferntesten an ein Gebäude aus Beton oder Ziegelsteinen, denn das römische Gesetz verbot den Christen bis fast 200 Jahre nach Christus den Besitz einer öffentlichen Gottesdienststätte. Die Gemeinde versammelte sich »zu Hause« (Röm 16, 3–5; 1 Kor 16, 19; Kol 4, 15; Phlm 2) oder in Katakomben. Der Ort spielte keine Rolle, solange der Geist Jesu anwesend war. Alle Apostel teilten dieses Vorbild an Einfachheit. Auch Petrus betrachtete in seinen Briefen die Gemeinde als einen lebendigen Organismus, ein »geistliches Haus«, dessen Steine die Glaubenden selber waren (1 Petr 2, 5).

Der Leib Christi

In 1. Korinther 12 (besonders in Vers 12–27) vergleicht Paulus die Versammlung der Gläubigen, die christliche Gemeinde oder die Gesamtzahl der Glieder mit einem *Leib*. Er nennt ihn den Leib Christi. Der menschliche Körper bildet trotz seiner atemberaubenden Vielfalt eine vollkommene Einheit. Der gesamte Körper wird von einem einzigen Verstand gesteuert und durch ein einziges Nervensystem kontrolliert. Und doch besteht er aus einer erstaunlichen Vielfalt von Gliedern und Organen, die fast alle völlig unterschiedliche Aufgaben besitzen.

Genauso ist es mit der Gemeinde. Christus ist der

Chef, das Haupt (Eph 1, 22; Kol 1, 18). Er ist das »Gehirn«, das Zentrum des Nervensystems seines Leibes. Wir, das Volk Gottes, sind die Glieder, die vielen »Organe« des Leibes Christi. Wie im menschlichen Körper, so finden wir auch in der wahren Gemeinde eine erstaunliche Vielfalt in der völligen Einheit. Der Leib Christi besitzt in seinen vielen Gliedern eine wunderbare Vielfalt an Aufgaben. Beachte die von Gott eingegebenen Feststellungen des Paulus: *Der Leib ist eine Einheit und hat viele Glieder* (1 Kor 12, 12). Ihr aber seid der Leib Christi und *einzeln Glieder desselben* (1 Kor 12, 27). *Wir sind alle durch einen Geist in einen Körper hineingegliedert worden* (1 Kor 12, 13; wörtlich aus dem Original übersetzt. Das griechische Wort »getauft« bedeutet in diesem Zusammenhang »untergetaucht« oder »eingetaucht« oder »eingefügt«). Wir finden hier die Vorstellung eines Zweiges, der in den Baum eingepfropft wird (wie in Joh 15, 5 und Röm 11,16–24). Jesus ist der wahre Weinstock, und wir sind die Zweige, so wie die Füße, Zunge, Arme, Lungen und Ohren die »Zweige« eines menschlichen Körpers sind. Paulus fährt fort: »Nun aber hat Gott die Glieder gesetzt, ein jegliches am Leibe besonders, wie er gewollt hat« (1 Kor 12, 18). Gott ist der alleinige Schöpfer des menschlichen Körpers. Er entscheidet über die Anzahl unserer Augen, Finger, Rippen oder Arterien, und er setzt sie in den Körper nach seiner vollkommenen Weisheit. So weiß auch *nur Gott allein,* wie der Leib Jesu, die Gemeinde, gebaut wird. Er bestimmt unseren Platz und *unsere Aufgabe.* Glücklich ist der Mensch, der es der Weisheit und dem Willen Gottes überläßt, zu entscheiden, welches seine Aufgabe im Leibe Christi sein soll! Welch eine Torheit ist es doch, Gott versuchen und zwingen zu wollen, uns eine Aufgabe oder »Gabe« zu verleihen, die er nicht für uns vorgesehen hat!

Die geistlichen Gaben

Es gibt im Neuen Testament drei wesentliche Texte, die die geistlichen Gaben betreffen: Römer 12, 3–8; 1. Korinther 12–14 (diese drei Kapitel bilden eine textliche Einheit und müssen als Ganzes betrachtet werden) und schließlich Epheser 4, 1–6. Man kann auch noch einen kurzen Text aus 1. Petrus 4, 10–11 hinzufügen. Wenn du ein echtes und ausgewogenes Verständnis dieses Themas erhalten willst, mußt du alle diese Texte ganz durchlesen, das in ihnen enthaltene Material sehr sorgfältig studieren und sie dann vergleichen.

Es gibt insgesamt vier »Listen« über geistliche Gaben (Röm 12, 6–8; 1 Kor 12, 8–10.28; Eph 4, 11). Diese Listen sind alle unterschiedlich, und es gibt zweifellos viele andere Gaben, die dort nicht erwähnt sind. Ich denke z. B. an die geistliche Gabe, Evangelisationslieder zu komponieren, durch welche unzählige Menschen angesprochen werden. Und doch wird solch eine Gabe in jenen vier »Listen« nicht aufgeführt. Es ist offensichtlich, daß sie nicht vollständig, sondern eher beispielhaft sind.

Tatsächlich ist Gottes Gedanke, der sich durch den Apostel Paulus äußert, sehr klar. In 1. Korinther 12 gründet er seine Lehre auf das Gleichnis vom Körper und seinen Gliedern und lehrt die folgenden Wahrheiten: »*Es sind mancherlei Gaben, aber es ist ein Geist*« (1 Kor 12, 4). Das ist offensichtlich, denn wer hat schon einmal einen Körper gesehen, der nur aus einem oder zwei Organen besteht, wie z. B. nur aus einer Zunge oder aus einem riesigen Ohr! Das wäre ungeheuerlich. So wünscht Gott in der Gemeinde eine Vielzahl von Gaben, und jede davon ist notwendig. Sie vervollständigen einander.

Alle Glieder haben nicht dieselbe Aufgabe. Wir haben *mancherlei* »Gaben nach der Gnade, die uns gegeben ist« (Röm 12, 4–6). Was könnte deutlicher sein als dieser Satz?

Der Geist teilt einem jeglichen das eine zu, *wie er will* (1 Kor 12, 11). Der Geist Gottes bestimmt. Er kennt die Bedürfnisse der Gemeinde, die er baut, besser als wir, und er weiß, wie er uns am besten darin einsetzen kann. Wir haben kein Recht, ihm in dieser Angelegenheit unsere Wünsche zu diktieren.

In einem jeden offenbaren sich die Gaben des Geistes *zum gemeinsamen Nutzen* (1 Kor 12, 7). Dies zeigt uns den eigentlichen Zweck der geistlichen Gaben. Der Geist verleiht dir eine Gabe, damit du anderen Menschen nützlich sein kannst. Du kannst so der Gemeinde dienen, Menschen gewinnen und Christus der Welt offenbaren. Die Gabe dient der *Allgemeinheit,* nicht deiner eigenen persönlichen Befriedigung. Der Finger, das Auge, der Fuß leben nicht für sich allein, sondern für den ganzen Körper. Ein Finger, der unabhängig vom Rest des Körpers handelt, ist nutzlos.

Die Glieder Christi empfangen eine Vielzahl von Gaben vom Aufbau der Gemeinde. Lies Epheser 4, 12–16, wo dieses Thema ausführlich behandelt wird. Der Geist Gottes *befähigt* dich durch eine Gabe nach seiner Wahl, *Gott zu dienen,* so wie er es wünscht; so wie er dich dazu am besten gebrauchen kann, deinen Brüdern und Schwestern zu helfen und Verlorene zu Christus zu bringen.

»Die besten Gaben«

»So hat Gott in der Gemeinde gesetzt *erstens* Apostel, *zweitens* Propheten, *drittens* Lehrer, *darnach* Wundertäter . . .« (1 Kor 12, 28; Schlachter). Gott bestimmt nicht nur über unsere besondere Aufgabe in der Gemeinde, sondern auch über ihren Wert. Für den Apostel Paulus sind die verschiedenen Gaben des Geistes von unterschiedlicher Wichtigkeit. Es gibt einige, die er anscheinend für notwendiger hält. Er stellt sie an den Anfang der Liste und rät uns, nach den besten Gaben zu streben.

»Er hat etliche zu *Aposteln* gesetzt, etliche zu *Propheten,* etliche zu *Evangelisten,* etliche zu *Hirten* und *Lehrern* . . . Dadurch soll der Leib Christi erbaut werden« (Eph 4, 11–12). Die Gemeinde benötigt viele Arten von Gaben, aber keine Gemeinde kann ohne diese fünf besonderen Gaben bestehen. Laß uns Gott danken für alle zusätzlichen Gaben, die er seiner Gemeinde verleiht. Aber wir müssen ihn ernsthaft bitten, daß er uns im Überfluß mit diesen fünf besonderen Gaben ausrüstet.

Die fünf unentbehrlichen Gaben

1. *Apostel* heißt im Griechischen »Gesandter« und entspricht dem lateinischen »Missionar«. Die Gemeinde braucht dringend sehr viele solcher Pioniere, die die gute Nachricht Gottes dort verbreiten, wo sie noch unbekannt ist. Die zwölf Apostel sind nicht mehr auf der Erde. Sie können auch durch niemanden ersetzt werden, denn ihre Hauptaufgabe war es, treu zu übermitteln, was sie von Jesus gesehen und gehört hatten (Mk 3, 13–14; Apg 1, 21–22). Dies haben sie in den Schriften des Neuen Testamentes getan. Das kann natürlich nicht wiederholt werden. Aber in dem Sinne wie Barnabas, Silas und andere im Neuen Testament Apostel genannt werden, d. h. *Missionare* – Menschen, die wirklich von Gott gesandt waren –, in diesem Sinne brauchen wir Apostel, ja Tausende von Aposteln.

2. *Prophet* bedeutet im Griechischen »Sprachrohr« oder »Wortführer«. Der Prophet Israels sprach im Namen seines Gottes. Er verbrachte sein Leben damit, das Volk Gottes zu seinem Herrn und seinem Wort zurückzubringen (2 Chr 36, 15–16; Jer 35, 15). Der christliche Prophet ist deshalb ein Mensch, der uns

andauernd zum Wort Gottes zurückführt. Er ist der Wächter Gottes (Hes 33, 7). Er sieht klarer als andere Menschen, denn er kennt die Schrift und ist im Gebet nahe bei Gott. Er besitzt eine besondere geistliche Einsicht, aber seine Botschaft ruht auf dem Wort Gottes.

3. *Evangelist* bedeutet im Griechischen »ein Mensch, der gute Nachricht bringt«, durch welche Mittel auch immer. Ein Evangelist muß nicht unbedingt als öffentlicher Redner begabt sein. Er hat vielleicht eine ganz andere Art, an die Menschen heranzutreten. Es gibt unzählige Möglichkeiten zu evangelisieren, doch die Gute Nachricht bleibt immer dieselbe. Wir sind alle aufgerufen zu evangelisieren, dennoch haben wir aber nicht alle die *Gabe* des Evangelisten. Ihm hat Gott eine besondere Fähigkeit für diese Aufgabe gegeben, wogegen wir vielleicht völlig andere Fähigkeiten empfangen haben.

4. *Pastor* heißt im Griechischen »Hirte«. Die Aufgabe eines Hirten ist es, a) die Herde zu *schützen,* wobei er sich besonders um die Schwachen und Jungen kümmern muß, und b) die Herde zu *füttern*. Dazu muß er sicherstellen, daß sie guten biblischen Unterricht bekommen, selbst wenn er dazu jemand anderes heranholen muß, der sie »füttert« (Joh 21, 15–17; Apg 20, 28–31; 1 Petr 5, 1–4).

5. *Lehrer:* Das ist ein Mensch, der sich nicht nur eine tiefe und systematische Kenntnis der biblischen Wahrheit angeeignet hat, sondern der auch die Gabe besitzt, sie wirksam anderen mitzuteilen. Er legt den Grundstein für das Leben in der Gemeinde (Apg 20, 26–27).

Welche Gemeinde kann es sich leisten, ohne diese fünf überragenden Gaben zu leben? Sie haben höchstens Vorrang. Keine andere Gabe kann sich mit ihnen vergleichen.

»*Strebet aber nach den besten Gaben*« (1 Kor 12, 31)! In diesem Satz faßt Paulus zusammen, wie er zu den Geistesgaben steht. Er fordert uns auf, das Beste zu erbitten, uns nicht mit weniger zufriedenzugeben. Wir sollen nicht unsere Brüder beurteilen, die eine andere Gabe haben als wir. Jeder von uns sollte Gott um die höchsten Gaben bitten, um eine Gabe, die »Frucht bringt«: vor allem gerettete Menschen.

Was diese fünf Gaben betrifft, so wird manchmal gesagt, daß sie »natürlich« seien, im Gegensatz zu den »geistlichen« Gaben. Es stimmt, daß viele Predigten unglücklicherweise »natürlich« sind. Sie sind das Ergebnis einer akademischen Ausbildung oder eines psychologischen Triebes. Der echte Lehrer, Pastor, Prophet oder Evangelist wird jedoch vom Heiligen Geist in seinem Amt getragen. War Moses Gabe nur »natürlich«, als er das 5. Buch Mose schrieb? Oder die Gabe des Verfassers des Hebräerbriefes? Beide waren »Lehrer«. Möge Gott uns Menschen schicken, die für *alle* seine Arbeit von seinem Geist getragen werden! Warum bestand sonst die Urgemeinde darauf, mit dem Geist erfüllte Männer *für den Dienst an den Tischen der Witwen* zu haben? (Apg 6, 1–3). Zu dieser ursprünglichen Auffassung des christlichen Dienstes müssen wir zurückkehren.

Wie kannst du deine Gabe herausfinden?

Du mußt zuerst alles ausprobieren! Sei bereit, alles denkbar Mögliche für Gott zu tun. Fege den Predigtsaal aus, verteile Evangelien und Traktate, geh von Tür zu Tür, schließe dich Bibelgruppen an, besuche die Kranken, hilf den Armen und den Alten, gewinne das Interesse der Kinder, mobilisiere die jungen Leute. Kurz gesagt: Sei selbstlos, hilfsbereit und tue Gutes, wo immer du kannst.

Bald wird dann der Geist Gottes anfangen, dir auf die eine oder andere Art zu zeigen, wie er dich wirklich gebrauchen will. Er zeigt dir, wie du ihm am hilfreichsten sein kannst. Sicherlich wird er deine natürlichen Fähigkeiten nutzen. Bist du ein Dichter? Ein Gitarrist? Ein Maurer? Weißt du das Vertrauen von Jugendlichen zu gewinnen? Bist du begabt im Umgang mit Kindern? Dein Schöpfer wußte dies alles über dich, schon bevor die Welt entstand. Es hat seinen Grund, warum er dich so geschaffen hat, wie du bist. Nur begehe nicht den Fehler, »natürliche Fähigkeit« mit »geistlicher Gabe« zu verwechseln. Wir finden oft eine *Verbindung* zwischen den beiden, denn Gott benutzt dein ganzes Wesen. Trotzdem besteht zwischen ihnen ein echter *Unterschied*.

Paulus besaß z. B. vor seiner Bekehrung einen großartigen Verstand, und er kannte die Schriften des Alten Testamentes sehr gut. Das hielt ihn nicht davon ab, die Gemeinde Gottes zu verfolgen. Aber als er dem lebendigen Christus auf der Straße nach Damaskus begegnete, machte er Schluß mit der Sünde, seiner Vergangenheit und mit der Welt – auch mit der religiösen Welt! Er war nicht nur körperlich getauft worden, sondern Gott »taufte« auch seine Persönlichkeit *mit ihren natürlichen Fähigkeiten*. Er starb mit Christus in jener geistlichen Taufe. Gott machte dann seinen Verstand, seine Einsicht und seine ganze Persönlichkeit neu. Ich glaube, daß die systematischen Überlegungen im Römerbrief in der Weltliteratur unübertroffen sind. Aber es sind Überlegungen, die völlig vom Heiligen Geist eingegeben sind. Der Verstand des Paulus wurde, nachdem er von Gott gereinigt worden war, zu einem Instrument der göttlichen Weisheit. Und doch war es immer noch der Verstand des Paulus! Das »Natürliche« wurde vom »Geistlichen« aufgenommen und gleichzeitig umgewandelt.

Du bist ein einzigartiges Wesen, welches Gott nach seiner unergründlichen Weisheit in den Leib Christi eingliedert. Er entwirft für dich eine Aufgabe, in der du ihm auf die wirksamste Art dienen und ihn verherrlichen kannst. Warum solltest du nicht mit ihm eine positive

Übereinkunft für deine Zukunft treffen? Er wird dich nicht enttäuschen. Aber du mußt dich auf eine harte Ausbildung gefaßt machen!

Müssen wir die traurige Wirklichkeit hinnehmen?

Auf diesen Seiten habe ich versucht aufzuzeigen, was die Gemeinde wirklich ist. Jene wahre Gemeinde, wie sie von Jesus entworfen und von den Aposteln zur Entstehung gebracht wurde. Sie ist ein Wunder des Heiligen Geistes. Du mußt dir dieses Bild ständig vor Augen halten und Gott bitten, dich als sein Werkzeug zu benutzen. Leider müssen wir aber nicht weit gehen, um zu entdecken, daß es viele Gemeinden und Gruppen gibt, die sich sogar biblisch nennen, die aber in Wirklichkeit mit der apostolischen Auffassung wenig gemeinsam haben. Unser Herz zerbricht vor Kummer, wenn wir uns an hochheiligen, menschlichen Überlieferungen stoßen, die die freudige Spontaneität des Geistes töten; wenn wir uns an Gebets- und Gottesdienstformen stoßen, die unseren Glauben erstarren lassen; wenn wir starren Lehrauffassungen gegenüberstehen, die jede Möglichkeit des geistlichen Fortschritts zunichte machen. Es kann auch sein, daß wir eine geistliche Liberalität finden, wo Menschen allerlei Dinge tun und sagen, die von der Schrift her einfach nicht gerechtfertigt sind. Welche Haltung sollen wir in diesen Fällen einnehmen?

Zuallererst und vor allem müssen wir lieben. Wenn die betroffenen Menschen echte Kinder Gottes sind, die den Herrn Jesus lieben und die Eingebung und göttliche Vollmacht der Schrift anerkennen, dann müssen wir sie als in Gottes Augen wertvoll betrachten. So wertvoll sollen sie dann auch für uns sein. Es ist sogar möglich, daß Gott sie für geistlich wertvoller als uns selbst hält. Solange Gott will, daß du in solch einer Umgebung bleibst, dann tue dies in demselben Geist und mit derselben Liebe, wie sie Jesus gezeigt hätte. »Gleichwie auch Christus die Gemeinde geliebt und sich selbst für sie hingegeben hat« – trotz ihrer Unvollkommenheit (Eph 5, 25; Schlachter). Tue alles, was du kannst, dort, wo Gott dich hinstellt, um Hilfe zu leisten und Segen zu bringen.

Es ist manchmal sogar eine nützliche Disziplin, ein schwieriges und ungerechtfertigtes Joch zu tragen. Gott kann es benutzen, um dich Geduld, Mitleid und Demut zu lehren. Wer weiß? Vielleicht will Gott dich in einer solchen Situation benutzen, um eine echte Erweckung ins Leben zu rufen.

Gott will jedoch nicht, daß du dein ganzes Leben in einer hoffnungslosen Umgebung verschwendest. Alles in allem sollst du, wie die Apostel, mehr Gott als den Menschen gehorchen (Apg 5, 29). Früher oder später, eher früher, wird Gott dir einen Weg öffnen, der zu einem nützlichen Ziel führt. Bitte ihn beständig, dir seinen Willen zu zeigen. Du kannst nicht hoffen, geistlich Fortschritte zu machen, wenn du den Schwierigkeiten einfach aus dem Weg gehst. Du mußt ihnen mutig und entschlossen entgegentreten. Und doch will dich Gott um jeden Preis benutzen. Wenn er es dort nicht kann, wo du bist, dann hat er gewiß etwas anderes für dich. Es ist besser, allein Schriften zu verteilen oder von Haus zu Haus zu gehen, um die zu erreichen, die nichts von Christus wissen, als dein Leben in kirchlichen Aktivitäten zu verschwenden, die zu nichts führen. Gott hat dich nicht dazu berufen, in einem geistlichen Friedhof zu leben. Denke doch einmal an die, die Gott, so hoffe ich, durch dein Zeugnis retten wird. Niemand würde daran denken, sein Baby in einen Kühlschrank oder gar in einen Sarg zu legen! Genauso würdest du auch nicht dein geistliches »Baby« in eine solche Gemeinde mitnehmen. Es ist wahr, daß wir alle durch eine Lehrzeit gehen müssen, und das ist nie leicht. Aber niemand erwartet von dir, daß du dein Leben lang Lehrling bleibst. Du mußt vorangehen, um ein voll ausgebildetet Arbeiter zu werden. Gott sucht verzweifelt nach solchen Männern und Frauen, und er hält nichts davon, ihre Kraft zu verschwenden. Bitte Gott, daß er dir einen echten geistlichen Arbeitsplatz sucht, wo du ihm wirksam dienen und Frucht bringen kannst, die Bestand hat.

Angenommen, du befindest dich in einer
guten Gemeinde . . .

Vielleicht hast du das enorme Vorrecht, in einer wirklich geistlichen Gemeinde zu sein, in der die Christen einander lieben, wo evangelisiert und die Bibel treu studiert wird. Das ist wirklich wundervoll! Es ist eine Gnade Gottes. Aber vergiß bitte zwei Dinge nicht:

1. *Jesus sagte, daß geben seliger sei als nehmen* (Apg 20, 35). Es gibt zwei Arten von Christen, nämlich die Geber und die Raffer, die Fröhlichen und die Nörgler! Die Gemeinde braucht keine geistlichen Mitesser oder geistlichen Arbeitslosen. Sie hat schon genug mit ihren Babys zu tun, die nur saugen und schreien können. Die Gemeinde braucht deshalb unbedingt Glieder, die allen anderen ein Segen sind. Wenn du vom Heiligen Geist erfüllt bist, bringst du die Nähe Gottes in die Gemeinde mit. Du wirst großzügig deine Freundschaft einbringen, deinen Glauben, dein Geld und deine Zeit. Wenn du dagegen nur hingehst, um zu empfangen, nur um zu nehmen, dann wirst du schließlich enttäuscht sein.

2. *Es gibt auf der Erde keine vollkommene Gemeinde.* Es hängt von unserer Einstellung ab, ob wir gesegnet oder enttäuscht werden. Bewahre dich vor jedem Bestreben, anzuschuldigen oder zu kritisieren. Jesus verbietet uns strengstens, schlecht über andere, vor allem hinter deren Rücken, zu reden (über dieses Thema siehe Mt 7,

1–5; 18, 15; Röm 14, 1–15, 7; 1 Kor 13). Nein, ganz im Gegenteil. Bete Tag und Nacht für deine Gemeinde und ihre Ältesten.

Wenn es dir möglich ist, deine Gemeinde auszusuchen, so tue es mit Gebet und großer Sorgfalt. Binde dich nicht sofort. Aber wenn du dich bindest, so tue es mit ganzem Herzen. Wähle eine Gemeinde, die der Schrift treu und voll des Heiligen Geistes ist, d. h. eine Gruppe, wo Jesus wirklich anwesend ist. Ihre Größe oder ihr Reichtum spielen keine Rolle. Wenn Christus dort ist, bist du reicher als alle Banken der Welt zusammen. Außerdem wirst du in einer kleinen Gemeinde eine Herausforderung finden. Du wirst ein wertvolles und wichtiges Mitglied der Familie sein. Du mußt hier einen echten Beitrag leisten. Wenn du dagegen in einer sehr großen Gemeinde bist, wirst du wahrscheinlich in einer anonymen Menge untergehen, was sehr schlechte Auswirkungen auf deine geistliche Gesundheit haben wird. Du wirst faul und nutzlos oder enttäuscht werden.

Was ist, wenn die Gemeinde untreu wird?

Wenn die Gemeinde weder die Gottheit Jesu, noch die völlige Autorität des Wortes Gottes, noch die Wiedergeburt durch den Glauben anerkennt, dann weiß ich nicht, was du dort zu suchen hast. Was hast du mit Gottes Feinden zu schaffen? Es genügt nicht, ein Etikett mit der Aufschrift »Christ« oder »Gemeinde« zu tragen, um den Greuel dieser Sünde zu verschleiern. Du bist kein Christ, wenn du dich zwar so nennst, aber alles verwirfst, was Gott wertvoll ist.

Aber vielleicht antwortest du mir, daß du dort als Zeuge bleiben willst. Als Zeuge? Natürlich sind wir dazu aufgefordert, überall Zeugnis zu geben. Aber als Mitglied? Das ist eine ganz andere Sache. Lies dazu 2.

Korinther 6, 14–18: »Was für ein Teil hat der Gläubige mit dem Ungläubigen? . . . Was hat das Licht für Gemeinschaft mit der Finsternis?« Du gehörst dort einfach nicht hin. Doch wenn du sie verläßt, so tue selbst das mit Liebe.

Was ist, wenn du ganz allein bist?

Nicht jeder hat das Vorrecht, Christus mit anderen Gläubigen teilen zu können. Es gibt Jünger, die durch die Umstände in schmerzlicher Weise isoliert sind. Ich denke da an jene, die ziemlich einsam in einer christusfeindlichen Umgebung leben; oder an den jungen Mann, der seinen Militärdienst leistet; oder an das Mädchen, das im Internat die einzige Christin ist. Vielleicht bist du der einzige Gläubige in deinem Dorf oder in deiner Stadt. Denke auch an die Christen in jenen Ländern, in welchen geistliche Not herrscht, und besonders an jene Christen, die wegen ihres Glaubens im Gefängnis sind. Und wie viele sind im Gefängnis! Wir müssen Tag und Nacht für sie beten. Und doch brauchen wir keine Meere oder Grenzen zu überqueren, um Kinder Gottes zu entdecken, die erschreckend einsam sind. Was können wir tun, um sie zu ermutigen und um ihnen zu helfen?

Vielleicht bist gerade du einer jener einsamen Christen. In diesem Fall hast du mein tiefes Mitgefühl. Du kannst jedoch sicher sein, daß Gott dich nie verlassen wird. Er wird dir in diesen besonderen Umständen *besonderen* Segen zukommen lassen. Widme dich um so mehr dem Gebet und dem Wort Gottes. In Wirklichkeit bist du nicht allein. Wenn Gott bei dir ist, besitzt du größere Kraftquellen als die ganze Welt zusammen. Wenn Gott für dich ist, wer sollte dann gegen dich sein (Röm 8, 31–39)?

Aber sein Gebot gilt für alle, die sich anderen Kindern

Gottes anschließen können: Laßt uns »unser Zusammenkommen nicht versäumen« (Hebr 10, 25; Elberfelder). Wir sind dies unseren Geschwistern schuldig, aber gleichzeitig brauchen wir selbst auch die Gemeinschaft. In Wirklichkeit sind wir durch Christus eng miteinander verbunden. *Du bist nicht allein.*

3.4 Du kannst Gott nicht für dich allein behalten

Die vierte Disziplin: *Zeugnis oder die Weitergabe des Glaubens*

Bisher haben wir die verschiedenen Wege untersucht, wie man ein Leben der Fülle empfängt und aufrechterhält. Dieses Leben ist jedoch kein Selbstzweck.

Das Stromkabel hat nur die Aufgabe, den Strom weiterzuleiten. Der Fluß behält nicht das Wasser, das er empfängt. So führt das Leben der Fülle zum Opfer, zur Selbsthingabe, oder besser gesagt dazu, anderen das dir anvertraute Leben Christi mitzuteilen. *Wenn wir unser geistliches Leben nicht weitergeben, wird es verdunsten oder versickern,* wie das Manna, das verdarb, als die Israeliten versuchten, es aufzubewahren. Oder wie das Tote Meer. Die Weitergabe unseres Glaubens bedeutet, einer verlorenen Welt zu geben, was du von Gott empfangen hast. Leben besteht hauptsächlich im *Geben*. Das ist der Höhepunkt des Glaubens. Sonst ist der Glaube fruchtlos.

Wir glauben an Christus, weil wir erkannt haben, daß sein Opfer uns gilt. Es ist die *Gnade* Gottes, die uns zur Buße brachte. Das Wort *Gnade* bedeutet im griechischen Original »Güte«, »Barmherzigkeit«. Wir sind durch die unbeschreibliche Güte und Barmherzigkeit Gottes in Christus gewonnen worden. Die Liebe, mit der Gott unser Herz überflutet hat, wird zur Hauptkraft unseres Lebens. Und diese Liebe müssen die Menschen um uns herum durch uns erfahren. Nichts anderes wird die Welt von der Echtheit unserer Botschaft überzeugen. Denn diese göttliche Liebe ist *das einzige, was der Teufel nicht nachahmen kann*. Die Liebe Gottes offenbart sich in seiner Selbsthingabe; und er kann sich nur durch uns offenbaren, wenn wir uns selbst hingeben.

Es gibt *drei Wege,* durch die wir uns oder vielmehr Christus den Menschen geben können:

1. *Wir geben durch unser Zeugnis*

Jesus sagte: »Jeder nun, der mich vor den Menschen bekennen wird, den werde auch ich bekennen vor meinem Vater, der in den Himmeln ist. Wer aber mich vor den Menschen verleugnen wird, den werde auch ich verleugnen vor meinem Vater, der in den Himmeln ist« (Mt 10, 32–33; Elberfelder). Und weiter: »Der Geist der Wahrheit . . . der wird zeugen von mir. Und auch ihr werdet meine Zeugen sein« (Joh 15, 26–27).

Das gesamte Neue Testament betont, daß wir Christus den Menschen bezeugen müssen. Wir können in der Welt, die Jesus kreuzigte, keine Jünger Christi sein, ohne uns auch offen mit ihm gleichzusetzen und für ihn Partei zu ergreifen. Wir sind gerettet, wenn wir uns zuerst vor Gott mit Jesus gleichsetzen und wenn Gott als Antwort darauf uns mit Jesus gleichsetzt. Aber diese Gleichsetzung kann nicht geheimgehalten werden. Wenn unser Glaube wirklich das Werk seines Geistes ist, dann kann er nicht schweigen. Wir sind die Zeugen Christi vor einer Welt, die ihn nicht kennt und ihn durch nichts anderes als unser Zeugnis kennenlernen kann.

Ein Zeuge kann nur wiedergeben, was er tatsächlich weiß, was er wirklich gesehen und gehört hat. Alles, was wir der Welt über Jesus berichten können, ist, daß wir ihn tatsächlich aus eigener Erfahrung kennen. Ein Zeugnis aus zweiter Hand überzeugt niemanden. Es besitzt einfach nicht den Klang der Wahrheit. Wir sollen uns nicht unser eigenes Zeugnis »zusammenbasteln«. Gott erwartet von uns, daß wir mutig die *Wahrheit* bezeugen, wie einfach und begrenzt unsere Erfahrung mit Christus auch sein mag. Wenn wir das tun, verspricht er uns die Unterstützung seines Geistes der *Wahrheit,* um unser schwaches Zeugnis zu bekräftigen (Joh 15, 26–27). Wenn man von mir nicht mehr als einem Jünger Christi spricht, dann ist das Zeugnis des Geistes getrübt. Ich verliere seine Fülle, bis ich die Sache wieder richtiggestellt habe.

Der Herr nennt uns »das Licht der Welt« und »das Salz der Erde« (Mt 5, 13–14). Wenige Salzkörner verändern den Geschmack des Essens! Selbst eine kleine Kerze kann aus großer Entfernung gesehen werden. Jesus sagte nicht: »Ihr sollt das Licht der Welt sein«, sondern: »Ihr *seid* das Licht der Welt.« Glaube ihm. Baue darauf. *Vertraue deshalb auf den Heiligen Geist, der unwiderlegbar durch dich (hindurch) den Menschen Zeugnis gibt.*

Kein Papierkreuz

Es ist sicher hart, für Jesus Christus in dieser Welt Stellung zu beziehen. Früher oder später setzt man sich der Verfolgung aus. Jesus hat diese Wahrheit aber nie vor uns verborgen. Er hat nachdrücklich betont, daß wir nicht seine Jünger sein können, wenn wir uns weigern, ihm mit dem Kreuz auf der Schulter zu folgen, d. h. zu unserer eigenen Hinrichtung zu gehen! Aber noch wesentlich härter sind der Schmerz und die Enttäuschung, die entstehen, wenn wir in unserem Zeugnis versagen. Wenn wir für Christus in dieser Welt Stellung beziehen, füllt uns der Geist Gottes. Er bezeugt und liebt durch uns und belohnt unser Leiden mit seiner himmlischen Freude, seinem Frieden. Ein Christ *kann nicht glücklich werden,* wenn er seinen Glauben versteckt.

Hast du Angst zu leiden?

Der wahre Christ ist wie eine Pflanze, die dazu geschaffen ist, auf hohen Berggipfeln oder in der heißesten Wüste zu leben, wie eine Blume, die in Leiden und Feindschaft wunderbar gedeiht. Der unbeschreiblich schöne Enzian mit seinem ungewöhnlichen Blau wächst nur in den Hochalpen. Man findet ihn nicht in der Tiefebene. Du kannst ihn nicht in deinem Vorgarten aufziehen. Um diese Farbe zu erhalten, muß er den rauhen Winterstürmen, dem Eis und Schnee, dem schneidenden Wind und vor allem der Höhe widerstehen. Er braucht eine frische und reine Luft, die die Zivilisation nicht verschmutzen kann. Der Christ ist für ein Leben höchster Reinheit geschaffen, in der Helligkeit des ungetrübten Lichtes Gottes. Auf diese Weise entwickelt Gott in uns den Charakter Christi.

Der Christ, der nicht gelitten hat, neigt dazu, anderen gegenüber hart zu sein. Er kann ihr Leid nicht verstehen. Hinter seinem barschen Äußeren steckt oft eine geistliche Schwäche, ja sogar Oberflächlichkeit, und es fehlt ihm der zähe Widerstand und auch die Demut des Märtyrers. Wenn es etwas gibt, worüber wir in der Ewigkeit im Gottesreich stolz sein können, dann sind es sicher die Narben des Leidens, die wir aus Liebe zu Christus erlitten haben.

2. *Wir geben durch unsere guten Werke*

Paulus sagte: »Wir sind . . . geschaffen in Christus Jesus *zu guten Werken*« (Eph 2, 10), d. h. zu guten Taten. Anders gesagt: Gott hat uns mit der Absicht gerettet, daß wir soviel Gutes tun, wie wir können. Paulus mahnte auch: »Brüder, *ermattet nicht, Gutes zu tun*« (2 Thess 3, 13; Elberfelder)! Er sagte, daß der geistliche Christ *zu jedem guten Werk vorbereitet ist* (2 Tim 2, 21). Er drängt jene, die an Gott gläubig geworden sind, *Sorge zu tragen,* »*gute Werke zu betreiben*« (Tit 3, 8; Elberfelder). Das heißt, ständig Gutes zu tun, ständig gegenüber den Mitmenschen die Liebe Gottes zu erweisen. Petrus faßt das Leben des Herrn Jesus Christus in diesen Worten zusammen: »Der ist umhergezogen und hat wohlgetan« (Apg 10, 38). Wenn unser Meister sein Leben dahingab, um Gutes zu tun, dann sollten wir, seine Jünger, ihm nacheifern. Außerdem überzeugen wir durch unsere guten Werke die Welt letztlich von der Glaubwürdigkeit unseres Zeugnisses. Es gibt tausenderlei Möglichkeiten, Gutes zu tun. Wir müssen unsere Kraft, unser Geld und unsere Zeit nicht in rein politischen oder sozialen Aufgaben verschwenden. Vielmehr sollte jeder Christ um sich herum Gutes verbreiten. Jede Gemeinde, jedes Glied der Mannschaft Christi sollte soviel Gutes tun wie irgend möglich. Doch unsere guten Werke sollten alle im Namen des Herrn Jesus getan und mit unserem Zeugnis verbunden sein. Dann sind sie anziehend für das Evangelium. Sonst wäre es nur ein Kraftverschleiß, der zu keinem brauchbaren Ergebnis führt. Natürlich kosten uns solche guten Werke etwas, aber gerade das ist es, was die Menschen von unserer Ernsthaftigkeit überzeugt. Jakobus, der Bruder des Herrn, sagte: »Denn gleich wie der Leib ohne Geist tot ist, so ist auch der Glaube ohne Werke tot« (Jak 2, 26). Wir müssen jedoch unterscheiden zwischen dem, was Gott »gute Werke« und was er »tote Werke« nennt. »Gute Werke« sind das reife und spontane Erblühen des Lebens des Geistes in uns. Sie sind der Ausdruck unserer Liebe zu Gott. Dagegen sind »tote Werke« die abscheulichen Bemühungen unserer alten Natur. Sie will Gottes Gunst erkaufen oder die Menschen beeindrucken, um den Anschein zu erwecken, daß wir wirklich etwas wert seien. »Tote Werke« sind die bitteren Früchte der Bestrebungen unseres Ichs, das sich für etwas ausgeben will, was es nicht ist. Sie entstehen aus

Stolz und eigennützigen Interessen, aber nicht aus opferbereiter Liebe.

3. *Wir geben durch unsere Arbeit für Gott*

In dieser Welt verliert ein Mensch, der nicht arbeitet, seinen ganzen Lebenssinn. Er verkommt. Geistlich »arbeitslos« zu bleiben ist mindestens genauso gefährlich, wenn nicht gefährlicher. Du brauchst eine sinnvolle geistliche Beschäftigung, eine bestimmte Aufgabe. Wenn du keine hast, dann bitte Gott, dich einzustellen! Es gibt unzählige Möglichkeiten, für Gott zu arbeiten, aber jede Arbeit für ihn muß der Evangelisierung der Welt dienen. Wenn du etwas anderes beabsichtigst, wirfst du den Großteil deiner Zeit und deiner Kraft in ein bodenloses Faß. Eine lebendige Gemeinde hat vielerlei Aufgaben, die aber alle die Evangelisierung der Völker zum Ziel haben sollten, *besonders der Völker, die noch nicht einmal das Neue Testament besitzen.* Keine andere Arbeit ist so bedeutsam. Wenn die Gemeinde ihren Blick für die Weltevangelisation verliert, befindet sie sich auf dem Weg nach unten. Christus ist für alle gestorben, und er besteht darauf, daß wir alle Menschen darüber in Kenntnis setzen. Das ist das mindeste, was wir für die Menschheit tun können. Glücklich ist der Gläubige, dem dies klar wird, und die Gemeinde, die es tut!

Wie ich bereits gesagt habe, besitzen wir nicht alle die Gabe eines Evangelisten, aber wir sind alle dazu aufgerufen, zu evangelisieren! Gott weiß, wie schwer es uns fällt, dies allein zu tun. Deshalb will er, daß wir die Aufgabe möglichst mit anderen Gläubigen zusammen anpacken. Als Jesus gen Himmel fuhr und jene elf Männer, seine Apostel, auf dem Ölberg zurückließ, übertrug er ihnen den Befehl und die riesige Verantwortung, die ganze Welt zu evangelisieren. Ich nenne diese elf manchmal »Christi Fußballmannschaft«! Jede Gemeinde sollte ein solches Team sein oder haben. Paulus und die anderen Apostel erkannten den überragenden Wert einer Mannschaft, die von Christus gebildet ist, denn mit ihrer Hilfe füllten sie ihre Welt mit neuen Gemeinden!

In einer Fußballmannschaft sind nicht alle Stürmer! Aber wenn jeder auf seinem Platz steht, kann sie als Ganzes die Tore schießen, die den Sieg bringen. So haben wir auch in der Gemeinde nicht alle die besondere Gabe des Evangelisten. Wir haben, wie Paulus sagt, viele verschiedene Gaben und Aufgaben. Jeder von uns aber hat etwas Wertvolles beizusteuern, und durch das einmütige Handeln kann und wird die Welt evangelisiert werden. Der Torwart ist so wichtig wie der Stürmer, auch wenn er nie ein Tor schießt. Wenn Gott dir eine Arbeit gibt, die dir vielleicht unwichtig erscheint, kannst du trotzdem sicher sein, daß du einen wertvollen Beitrag im Werk Christi leistest. Sie ist ein notwendiger Teil der gesamten Handlung Gottes. Was für eine Belohnung wird es geben – und du kannst sicher sein, daß sie unter der ganzen Mannschaft verteilt wird!

Jesus sagte, daß im Himmel mehr Freude ist über einen Sünder, der Buße tut (Lk 15, 3–7; Mt 18, 12–14), als über neunundneunzig Christen, die »nur« gut sind, und wir mögen erklärend hinzufügen: aber keine Menschen gewinnen! Welche Arbeit dir Gott auch immer geben mag, laß dir nicht die völlige himmlische Freude entgehen, Sünder zu Christus zu führen und das Neue Testament in die Hände einiger der zwei Milliarden Menschen zu legen, die noch immer keines besitzen. Möge Gott dein Leben mehren!

Tischplatte: Buße — Gehorsam — Glaube

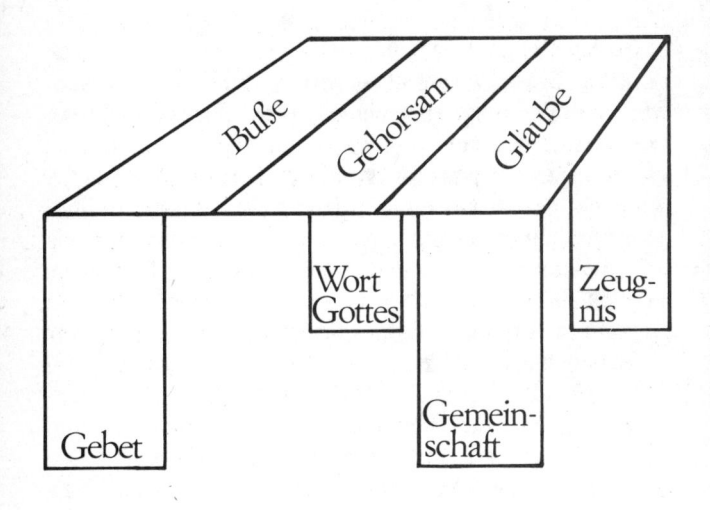

Tischbeine: Gebet — Wort Gottes — Gemeinschaft — Zeugnis

4. Teil
Dieses Leben ist nicht alles

4.1 Die Gewißheit aller Gewißheiten: Jesus kommt wieder!

Du wurdest dazu geschaffen, in Gottes freien Räumen zu leben. Diese Welt wird verschwinden. Das Universum wird aufhören zu existieren. »Wer aber den Willen Gottes tut, der bleibt in Ewigkeit« (1 Joh 2, 17). Das Leben eines Christen ist wundervoll. Es ist ein Vorgeschmack des Himmels. Trotzdem ist es von Leiden gekennzeichnet. Petrus geht so weit, zu sagen, daß wir zum Leiden berufen wurden (1 Petr 2, 21). Das Wort »Zeuge« heißt im Griechischen *martyros*. Das hat bei uns zu dem Ausdruck »Märtyrer« geführt. Jesus hat diese Wahrheit nie verschwiegen.

Der Glaube wird im Leiden bewährt. Anstatt vernichtet zu werden, wächst er. Durch das Leid formt Gott die Elemente seiner neuen Schöpfung, einer neuen Anordnung der Dinge, die das tragische Wrack dieser Welt ersetzen soll. Er bereitet etwas von noch unvorstellbarer Schönheit vor, das uns morgen unsere Tränen für immer vergessen lassen wird (Röm 8, 18).

Wir, die wir Christus gehören, sind bereits ein Teil dieser neuen Schöpfung (2 Kor 5, 17). Wir gehören nicht länger dieser alten Welt an, die zum Untergang verdammt ist. Unser neues Leben ist ewig und in Gott persönlich verwurzelt. So wie der Gärtner zu Beginn des Frühjahrs die Sträucher und Blumen ins Freie umpflanzt, um die er sich während des ganzen Winters im Gewächshaus so sorgfältig gekümmert hat, so wird uns auch Gott bei der Rückkehr Christi in das Königreich seines Sohnes umpflanzen. Du wirst immer du selbst bleiben. Aber anstatt unter den jetzigen einengenden Bedingungen zu wachsen, wirst du in jene Atmosphäre, in jenes Element übertragen werden, für welches du geschaffen wurdest. Du wirst für immer in der unmittelbaren Nähe Gottes leben. Und diese Gegenwart ist der Himmel.

Ein Wort, das seine Bedeutung verloren hat

Der Himmel – ein wundervolles Wort, das durch Jahrhunderte der Unwissenheit verdreht wurde! Das Mittelalter (und vielleicht sogar unsere religiöse Erziehung) hat in uns die Vorstellung hinterlassen, daß wir als körperlose Seelen irgendwo im All auf einer Wolke sitzen und für alle Zeiten auf einer geistlichen Gitarre spielen werden.

In dem Maße, wie wir uns in die Bibel vertiefen, verschwindet diese unsinnige Vorstellung, und an ihre Stelle rückt ein verblüffend schönes Bild, welches unser Bewußtsein als Wirklichkeit erkennt.

Ewiges Leben ist im wesentlichen geistlich, sonst wäre es uns unmöglich, Gott zu sehen. Aber das heißt nicht, daß es notwendigerweise vom körperlichen Universum getrennt ist. Der Herr Jesus verschwand in der Herrlichkeit mit seinem auferstandenen menschlichen Körper, den die Jünger als den seinigen wiedererkannten. Und er trug die Narben seiner Kreuzigung. Hebräer 2 erinnert uns daran, daß Christus selbst jetzt noch menschlich ist, denn sonst könnte er nicht das Menschengeschlecht vor dem Angesicht seines Vaters als unser Hohepriester vertreten. Die Bibel betont, daß er heute und in Ewigkeit derselbe ist (Hebr 13, 8).

Der Himmel ist gar nicht so weit von der Erde entfernt!

Christus wird zur Erde zurückkehren. Wir lesen, daß seine Füße wieder auf dem Ölberg stehen werden, wo er die Erde bei seiner Himmelfahrt verließ. Wir werden ihn wiedertreffen, *aber nicht als körperlose Seele*. Wir werden von den Toten auferstehen. Über die Auferstehung empfehle ich dir, das wunderbare 15. Kapitel des 1. Korintherbriefes – ein Meisterwerk göttlicher Eingebung – zu lesen. In diesem Buch kann ich dieses Thema nur kurz ansprechen. Wir benötigten mehrere Wochen, um diese Dinge in aller Ausführlichkeit zu studieren.

An dieser Stelle genügt es jedoch zu sagen, daß für uns der Himmel die Gegenwart Jesu ist. Da er Gott ist, ist Jesus im Raum und jenseits des Universums allgegenwärtig. Trotzdem bestätigen alle Propheten, daß er gerade auf diese Erde zurückkehren wird, wo er gekreuzigt wurde (Sach 14, 3–4; Apg 1, 11). Da wir bei ihm sein werden, versteht es sich von selbst, daß wir während seiner Regierungszeit mit der Erde beschäftigt sein werden. Dies wird in Offenbarung 20 und in sehr vielen Textstellen der Prophezeiungen des Alten Testaments beschrieben. Jesus wird über die Völker regieren (Ps 47; 72; 96; 97; 98; Sach 14, 16.19 u. a.), und wir werden notwendigerweise mit ihm in seiner Regierung verbunden sein, auch wenn wir letztlich nicht alle dazu aufgerufen werden (2 Tim 2, 11–13). Jesus gibt einen sehr ausführlichen Unterricht über diese Stufe unserer Erfahrung, und er betont, wie auch sein Diener Paulus, die Tatsache, daß unsere jetzige Lebensweise die Stellung bestimmt, die wir im kommenden Zeitalter einnehmen werden (Lk 19, 11–27; 1 Kor 3, 11–15).

Wir leben für morgen

Unser gegenwärtiges Leben ist nur eine Erwartung. Es ist unser »Gymnasium«, wo wir unser geistliches »Abitur« vorbereiten. Ich stelle mir die Herrschaft Christi über die Völker als unseren »Universitätskursus« vor. Wir werden nicht nur weitere geistliche Studien betreiben, sondern auch die Ergebnisse unserer gegenwärtigen Erfahrung anwenden können.

Offenbarung 20 spricht von einer tausendjährigen Herrschaft Christi auf dieser Erde. Tausend Jahre göttlicher »Universität«! Stell dir das mal vor! Und vielleicht trägst du eine große Verantwortung, weil dich Christus für die Verwirklichung seiner strategischen Ziele benutzt. Am Ende dieses Zeitraumes solltest du dein »Diplom« oder deinen »Doktor« ablegen können, der dich für eine Arbeit in der neuen Schöpfung qualifiziert! Wird dir etwas klar? Je mehr du Gott kennst, um so mehr Schönheit kannst du schaffen.

Gott selbst sagt uns, daß der Kosmos einschließlich der Erde völlig erneuert wird. Wir wissen nicht, wie. Gott bewahrt sein Geheimnis. Aber das ist das Endziel, für das wir berufen sind. Dort gehören wir hin. Dort werden wir die Lebensweise, die Gott in uns eingepflanzt hat, völlig entwickeln und ausleben können. Christus wird uns strahlender als je zuvor inmitten seiner neuen Schöpfung erscheinen, wenn seiner Hände Werk Formen annimmt.

Überlege!

Wenn du aber jetzt deine Zeit verschwendest, wenn du die Kräfte und Mittel vergeudest, die dir Gott heute in Christus anbietet, wenn du deine gegenwärtigen Verantwortlichkeiten vernachlässigst, wie kannst du dann von

Gott erwarten, daß er dir die Verantwortlichkeiten seines Reiches anvertraut? Wenn wir nicht in kleinen Dingen treu sind, sagt Jesus, wer wird uns dann die Dinge von ewigem Wert anvertrauen (Lk 16, 10–12)? Im Moment prüft uns der Herr ganz sorgfältig. Er sucht Menschen, die er in seinem Königreich in »Schlüsselstellungen« setzen kann. Die jetzige Welt wird vom Teufel und seinen Engeln regiert. Aber bei der Rückkehr Christi wird die ganze satanische Hierarchie weggefegt werden. Es wird hinter den Völkern eine geistliche Leere entstehen, die Gott mit jedem seiner Kinder füllen will, die *jetzt* treu und verantwortungsbewußt in seinem Dienst stehen. Er hat seine Augen auch auf *dich* gerichtet.

Der Herr Jesus lehrt im Gleichnis von den anvertrauten Pfunden, daß einige Gläubige eine Belohnung, d. h. Verantwortlichkeiten in seinem Reich, erhalten werden, während andere ihre Belohnung verlieren (Lk 19, 11–27, besonders V. 15–26). Paulus lehrt genau dasselbe (1 Kor 3, 11–15). Wir werden nur durch den Glauben *gerettet,* aber wir werden durch den Sohn Gottes *gerichtet,* wozu wir den Glauben angewandt haben, den er uns gab (2 Kor 5, 10; Offb 2, 23; 22, 12).

Wenn Christus wiederkommt

»Wir werden aber *alle* verwandelt werden . . . in einem Augenblick« (1 Kor 15, 51–52). Und wir werden »hingerückt werden in den Wolken, dem Herrn entgegen in die Luft« (1 Thess 4, 17). In jenem Augenblick werden wir ihn von Angesicht zu Angesicht sehen (1 Kor 13, 12), und wir werden »ihm gleich sein« (1 Joh 3, 2). Wir werden selbst in der Ewigkeit sein und der vollen Wirklichkeit seiner Nähe gegenüberstehen. Aber wir werden dort in unserem auferstandenen Körper »völlig bekleidet« sein mit der wahren christusähnlichen Menschlichkeit. In diesem ewigen Augenblick werden mindestens zwei Dinge geschehen:

1. *Der Richterstuhl Christi* (Röm 14, 10)

In diesem Augenblick der Wahrheit, wo die unglaubliche Schönheit und Gerechtigkeit Christi alle Irrtümer sprengen wird, findet jeder von uns sein wahres geistliches Niveau und seine echte Stellung, seine Aufgabe im Plan Christi, die seinem Niveau entspricht. Es wird dann keine Möglichkeit bestehen, verlorene Zeit wieder aufzuholen. Wir werden uns nicht länger in der Zeit befinden. Unser Richter wird derjenige sein, der für uns auf der Schädelstätte sein Blut vergossen hat. Gott sei gedankt! Die Schrift beschreibt diese Erfahrung als die allerfeierlichste. Johannes sagt, daß es möglich sein wird, »vor ihm beschämt (zu) werden bei seiner Ankunft« (1 Joh 2, 28; Elberfelder). Wird er dann zu dir sagen: »Geh ein in die Freude deines Herrn?« (Mt 25, 21; ebd).

Es ist äußerst wichtig, daß wir uns jetzt in Erwartung dieses Tages im Lichte seines Wortes richten lassen. Auch Paulus sagte: »Wenn wir uns aber selbst beurteilen, so würden wir nicht gerichtet« (1 Kor. 11, 31; ebd.).

2. *Die Hochzeit des Lammes* (Offb 19, 6–9) folgt dem Gericht der Gläubigen. Gott erkennt vor dem ganzen Universum offen die Einheit Christi mit seiner Gemeinde an. Sie wird auch die »Braut Christi« genannt. So wie Boas sich die arme Fremde, Ruth, zur Frau erwarb (Ruth 4, 9–10), so hat uns Christus mit seinem Blut erkauft. Was für ein Augenblick wird das sein! Nie mehr wird etwas zwischen ihm und uns sein. Bist du bereit?

hänssler

Josh McDowell
Bibel im Test

Tatsachen und Argumente für die Wahrheit der Bibel

Ein einmaliges, umfassendes Nachschlagewerk zu einem durchaus erschwinglichen Preis wird Ihnen mit diesem Buch geboten. Selbst der erbitterte Kritiker der Heiligen Schrift wird der logischen Gedankenführung nicht widerstehen können. Sorgfältig recherchierte Aussagen belegen unter Hinzuziehung außerbiblischer Quellen die Zuverlässigkeit der biblischen Überlieferung und werfen ein Licht in ein Meer an Fragen, Zweifeln und Unklarheiten. Der erste Teil des Buches befaßt sich mit dem breiten Umfeld der Entstehung der Bibel, wobei die unterschiedlichen Formen der Überlieferung eingehend geprüft und kommentiert werden. Der zweite Teil konzentriert sich auf die Gestalt Jesu, seine Person, sein Leben und sein Wirken, ergänzt durch wichtige Hintergrundinformationen. Eine umfassende Darstellung des Wirkens Gottes in der Geschichte sowie die Erfüllung von Prophetien bietet der letzte Teil. Scheuen Sie sich nicht vor diesem Kreuzverhör!
Gb., 500 S., Nr. 56644, DM 39,80, ISBN 3-7751-1204-9

Bitte fragen Sie in Ihrer Buchhandlung nach diesem Buch!
Oder schreiben Sie an den Hänssler-Verlag, Postfach 12 20, W-7303 Neuhausen-Stuttgart.